滝川 徹
Toru Takigawa

「副業講師」で月10万円無理なく稼ぐ方法

ちょっとしたスキルがお金に変わる

日本実業出版社

はじめに

ある日、本屋でふと手にした副業に関する本を読んで私は愕然《がくぜん》としました。

著者は会社員で登録者数が何十万人もいるユーチューバー。彼は会社員をやりながら副業に平日約4~5時間、週末は5時間ずつ費やすというのです。その本には他にも副業で実績をあげている方々が紹介されていました。みんな著者と同じくらい、副業に時間を費やしていました。

この話を聞いて皆さんはどう思いましたか? おそらくですが「自分はとてもそんなにがんばれない」と感じたのではないでしょうか。実は私も同じです。たしかに著者をはじめ、本に出てくる方々の実績はすごい。しかし、もし私が同じことをしようと思えば、家族と過ごす大切な時間や睡眠時間はもちろん、友人・知人との時間や趣味に費やす時間を犠牲にしなければなりません。本業もある中、プラスアルファで毎日長時間働くのもつらい。たとえ経済的に成功したとしても、こうした生き方ははたして幸せなのだろうか? 同じく副業をやる者として、そう感じざるをえませんでした。

私がそう感じたのは、今の私が全く異なるアプローチで副業に取り組んでいるからでしょう。私は現在大手金融機関で会社員をやりながら、副業としてセミナー講師業をやっています。ありがたいことに、月4時間ほど働くスタイルで、4年間で500万円以上の収入を得ることができました。セミナーのメインテーマはタスク管理・仕事術。私は長時間労働に悩んだことをきっかけに独学でタスク管理の手法を身につけ、本業で残業ゼロの働き方を達成しました。そのノウハウを教えています。

なぜ月4時間しか働かないのか。もっとがんばれば、もっと稼げたかもしれません。しかし私はあえて時間を制限しました。お金を稼げるに越したことはありません。しかし本業に加えて、毎日数時間も働くなんてつらすぎる。お金があっても毎日つらいと感じていたら、幸せに生きられない。そう考えたのです。

おそらくですが、皆さんも私と同じように本業をもっていて、副業に興味がある方だと思います。特にセミナー講師をやってみたい。そう思っていますよね。そんな皆さんがセミナー講師をやりたいと思った理由は、お金を稼ぐことだけが目的ではないはずです。たとえば人に何かを教えることが好き。人に良い影響を与えたい。そうした動機があるからでしょう。

もちろん、お金もほしい。そう思っているとは思います（私も同じです！）。ただ、どんなにお金を稼げても、毎日必死になってムリしてがんばっていると、幸せを感じることができなくなります。お金を稼ぐ目的は幸せになるためですよね。それなのに、お金を稼ぐこと自体が目的となってしまって、その結果不幸になったら……本末転倒だと思いませんか？

お金を稼ぐ方法だけを知りたいのであれば、それこそ世の中にたくさんあります。私よりずっと稼いでる人もたくさんいます。しかし私からすれば、そうしたノウハウはいずれも不動産投資のようにハイリスク・ハイリターンな手法か、めちゃくちゃ努力し続けないといけないノウハウばかりです。私もそうでしたが、そんなにリスクも取れないし、本業がある中めちゃくちゃ副業をがんばることはできない。そう感じる方が多いのではないでしょうか。だとしたら皆さんに必要なのは、副業として効率的に稼げる講師の仕事を紹介する、まさにこの本だと言えるでしょう。

今の私は本業の他にも、副業でセミナー講師の仕事をしています。さらに本書を含め3冊の本を出版し、継続的にYahoo!ニュースやアゴラに記事を掲載しています。それでも毎日1～2時間運動し、8時間以上寝ています。家族との時間はもちろん、ゲームや

YouTubeも存分に楽しんでいます。私は好きな時に好きなことを楽しめるライフスタイルを手にすることができたのです。

私が心がけてきたことはシンプルです。自分が楽しいと思うこと、好きなことをやる。がんばってムリしなくても成果が出るように効果的に取り組む。そしてこれが一番大切なのですが「時間を味方につける」ことです。セミナー講師は、このすべてが実現できる副業です。

「どういうこと？」と興味が湧いたら、ぜひこのまま本書を読み進めていただけたらと思います。

セミナー講師は最高の仕事の一つです。人に教えることが楽しい。受講生にも喜んでもらえる。お金までいただける。しかもノーリスクで、短い時間で効率的に。本書は昔の私が知りたかった「答え」をすべて記した、副業・セミナー講師のための攻略本です。本書をきっかけにぜひ皆さんもセミナー講師としてのキャリアをスタートしてください。それでは、本書をお読みいただいた後の巻末でお会いしましょう。

滝川　徹

「副業講師」で月10万円無理なく稼ぐ方法◆目次

はじめに　2

第1章 がんばらずに副業講師として成功する方法

1-1 時間を味方につければだれでもセミナー講師になれる……12
1-2 短期間で成果を出そうとしないほうが副業はうまくいく……16
1-3 セミナー講師は誰でもできる……19
1-4 ノーリスクではじめられる講師業……23
コラム 「やりたいことが見つからない」について思うこと　29

第2章 副業に割く時間を確保するコツ

2-1 セミナー講師の日々のTODO……32

2-2 「時間がない」は実は優先順位の問題……37
2-3 副業に割く時間を有効に生み出す方法……40
2-4 習慣化の3つの要件……45
2-5 本業の稼働時間を減らす方法……52
コラム あえてインプットを減らしてみよう 57

第3章 講師になるネタを作って情報発信する

3-1 自分の専門分野を決める……60
3-2 集客するのに最も効率的なのは情報発信……66
3-3 ムリなく情報発信を続けられる方法を見つける……71
3-4 情報発信するツールを決めよう……74
3-5 迷ったら憧れの人の真似からはじめる……82
3-6 人生で大切な時間は「天引き」しておく……86

3-7 「良いコンテンツ」の2つの切り口……91
3-8 バズるコンテンツの方程式……97
3-9 情報発信に関するQ&A……103

第4章 講師をはじめてみよう

4-1 とにかく最初の一歩を踏み出す……108
4-2 初セミナーを開催するまでの流れ……113
4-3 次の一歩を踏み出す心構え……117
4-4 できるだけ早く有料のセミナーで経験を積む……120
4-5 セミナー集客は企画がすべて……125
4-6 セミナーの価格はどのように決めればいいのか……131
4-7 高いかどうか決めるのはあくまで受講生……137
4-8 イベント管理ツールを使って集客する……142
4-9 告知文は凝らずにシンプルでいい……149

4-10 セミナーの宣伝は恥ずかしがらずにガンガンやる……155
コラム コラボセミナー開催時に決めておくべきこと 160

第5章
講師を続けるポイント

5-1 ラクに講師を続けられる仕組みを整える……166
5-2 セミナー動画を録画して活用する……174
5-3 個別セッションを継続特典にしてセミナーの価値を高める……179
5-4 無料のセミナーよりコラボセミナーがおすすめ……183
5-5 ノウハウを電子書籍として出版する……187
コラム 音声「録音」で「話すように書く」究極の文章術 190

第6章
「月4時間」の効率的セミナー運営法

6-1 スライド作成は30分以内でOK……196

6-2 セミナーに向けて用意するのは簡単なメモのみでOK……200
6-3 伝えたい順番に話を並び替える……207
6-4 一つのスライドに情報を詰め込みすぎない……210
6-5 多くのことを伝えようとしない……214
6-6 2時間のセミナーなら90分で予定する……218
6-7 「間」を意識して使う……224
6-8 最初のアイスブレイクをセミナーに生かす方法……226
6-9 質疑応答と事後アンケートがセミナーの満足度を決める……229
コラム 本業に意味・意義を感じなくなった時に考えたこと 236

おわりに 243

カバーデザイン／冨澤崇（EBranch）
本文DTP／一企画

第1章

がんばらずに
副業講師として成功する方法

1-1
時間を味方につければ だれでもセミナー講師になれる

本書で私が一番お伝えしたいこと。それは**時間を味方につけて、ムリのないペースで楽しみながらセミナー講師をやりましょう**ということです。講師業に限らず、副業は大変。そんなイメージもあると思います。だからこそ多くの人は副業に取り組まないのではないでしょうか。頭ではやったほうがいいことはわかっている。でもただでさえ本業が忙しい。そんな中、副業に取り組む余裕がない。これが多くの人の本音だと思います。

私がお伝えしたいのは、**やり方さえ間違わなければ副業、特に講師業は大変ではない**ということです。たしかに世の中で成功しているように見える人は大変な思いをしている人が大半です。たとえば会社員をやりながら副業でも成果を出している人、いわゆるインフルエンサーと呼ばれるような人たちは平日はもちろん、週末もたくさんの時間を副業に費やしています。しかし、そうしたやり方が副業で稼ぐすべてではありません。

私が経験を通してわかったこと。それは、成功するには2つの方法があるということです。一つは「はじめに」でも紹介したインフルエンサーのように、毎日血の滲《にじ》むような努力を続ける方法。もう一つは時間を味方につける方法です。つまり、長い期間で少しずつ無理なく取り組んでいく方法です。本書が提案するのは後者です。前者のやり方はおすすめしません。その理由からまず説明していきたいと思います。

必死にがんばっても報われるとは限らない

理由はいくつかありますが、一つは、単純に前者のやり方だとつらいからです。つらいとまず、毎日が楽しくありません。さらに最悪なのが、いつまでそのつらい生活を続けたらいいのか。見通しが全く見えないことです。

あまり世の中では大っぴらに語られませんが、実は成果は運にも大きく左右されます。**血の滲むような努力をしたからといって成果が出るとは限らない**のです。インフルエンサーと呼ばれる人たちが努力したことは間違いないでしょう。しかし同じくらい努力したのに報われなかった人たちもたくさんいます。では、何が両者に違いをもたらしたのでしょうか。

一つは運です。もう一つは、成果が出るまであきらめずに続けたことです。つまり、もし皆さんがインフルエンサーになりたいのなら、考えなければいけない問いは「いつ成果が出るかもわからない中、血の滲むような努力を続けることができますか?」となります。私を含めて多くの人がＮＯでしょう。だから多くの人は副業をやらないのです。本能的にここで説明したことを理解しているからです。

一方で多くの人が気がついていないのが、成功するためにはもう一つの方法・やり方があることです。それが時間を味方につけること。すなわち**長い期間をかけて、ムリなく少しずつ取り組み続ける**方法です。これが本書が提案する戦略なわけですが、どういうことか、説明していきましょう。

毎日30分取り組むだけで夢は叶えられる

たとえば毎日腕立て伏せと腹筋を20回ずつやると決めたとしましょう。1日、2日と続けても身体には何も変化は起きません。しかし1年、5年、10年、20年と長い期間で考えたらどうでしょう。何もやらない人と、毎日20回続けた人とでは、身体・筋肉に大きな差が生まれます。人間は先のことを想像するのが得意ではないのでイメージしづらいかもしれません。しかしこの差は10年、20年と期間が長くなればなるほど、皆さんが想像する以上に大きなものになります。
これが私が提案する、時間を味方につける戦略のイメージとなります。**たとえ毎日少しの時間しか副業に取り組んでいなかったとしても、長い期間取り組めば、想像以上に大きな成果につながる**ということです。

逆にインフルエンサー的な戦略を今回の例でたとえると、毎日腕立て・腹筋を100回あるいは200回やるようなものです。たしかに続けられれば大きな成果になります。しかし問題は、「これを続けられますか？」ということです。「よし、明日から毎日200回やるぞ！」と決意したとします。少なくとも私なら3日も続けられないでしょう。仮に数ヶ月続いたとしても、ある時期にやめてしまったら筋肉は衰えます。毎日200回やると決めたなら、その筋肉を維持するためにも10年、20年、その先もずっと続けていかなければなりません。

これは腕立て・腹筋の例ですが、多くの人が副業でやろうとしていることも同じです。「今日からYouTubeをやるぞ！」と決意する。毎日睡眠時間なども削りながら、一生懸命長い時間取り組む。そうするとつらいし、思うように結果も出ない。結果として副業で稼ぐことをあきらめてしまうのです。

1-2 短期間で成果を出そうとしないほうが副業はうまくいく

早く結果を出して人生を変えたい。その気持ちはわかります。でも、「**多少時間がかかっても、ムリなく楽しみながら副業ができるのなら、そちらのほうがよくないですか？**」というのが私の考えです。これはつまり、次のどちらの道を選びますか？　ということです。

①毎日つらい思いをして取り組む。短期間で成果が出るかもしれない。出ないかもしれない。
②毎日ムリなく楽しみながら取り組む。成果が出るまで時間はかかる。成果が出ないこともある。

共通するのは成果が出るとは限らないという点です。異なるのは取り組み方と成果が出るまでの期間です。皆さんはどちらがいいと思いますか？

すぐに成果を求めるリスク

私には①の戦略はリスクが高すぎるとしか思えないのです。①は短期間で成果が出せる可能性があるというのが最大のメリットです。問題は、がんばって取り組んでる期間、全く人生が楽しくないということです。想像してみてください。毎日本業をこなしながら副業もがんばらないといけない。睡眠時間、家族との時間、人生を楽しむ時間を犠牲にして、です。しかもいつまで続けていいかわからない。それだけがんばっても成果が出るとは限らない。また、短期間といっても10年あるいはそれ以上かかる可能性だって十分あるわけです。

もっと言えば、仮に早い時期に運良く結果が出たとしても、必ずしもその後悠々自適《ゆうゆうじてき》に暮らしていけるわけではありません。その成功を維持し、さらに成功したいと思うようになるのが人間です。結局その後も同じくらい努力をし続けなければいけなくなります。

成功がボーナスになる、もう一つの戦略

では②の戦略を選んだ場合はどうなるか。この戦略の一番いいところは、万が一結果が

出なかったとしても。楽しい人生を送れることです。くわしくはこの後の章で書きますが、本書が提案するのは自分が楽しいと思うことを、ムリなく毎日コツコツと取り組んでいくというものです。

そうすると、まず毎日が充実します。自分がやりたいと思うことを毎日できているわけですから、達成感・充実した気持ちを味わうことができる。毎日が楽しくなるのです。この時点で人生がハッピーになります。

こうなると、なんらかの成果が出たらむしろラッキーなのです。もうすでに人生楽しいわけですから、結果が出たらそれはボーナスみたいな位置づけになります。つまり、②の戦略を選んだ場合、**成果が出ても出なくても、幸せな毎日・人生を送ることができる**ということです。もちろん、このように感じることができるためには皆さんの心・内面が整っている必要があります。しかし自分の心・内面を整えることさえできれば、この戦略にはメリットしかないのです。

本書では②の戦略を通して、皆さんにとっての「成功」をつかみとる戦略（考え方）と戦術（方法）をお伝えするものです。さらに本書では、セミナー講師を通してそれを実現する方法を書いていきます。なぜ副業としてセミナー講師がいいのかを、これから説明していきましょう。

1-3 セミナー講師は誰でもできる

私がセミナー講師を副業としておすすめする理由は主に2つあります。

① 誰でも楽しくできる
② お金をかけずにできる

一つずつ説明していきましょう。

誰でも楽しくできる

皆さんの好きなことについて語ってください。そう言われたら、楽しい気持ちでたくさんのことをしゃべることができる。そう思いませんか?

「セミナー」というと、会社で勉強会の講師をやるように、きっちりとスライドを作って、

どんなテーマでも工夫次第でセミナーはできる

少しも言い間違いをしないように、緊張しながら話す。そんなイメージをもっている人も多いと思います。

しかし私が考えるセミナーは、それとは全く違います。**ただ好きなことについて自由に楽しく話す。実際私はそうして楽しみながらセミナーをやっています。**

セミナー講師は誰でもできる。私がそう考えるのは、好きなことをテーマに自由に話すのなら誰でもできるからです。たとえば私は『ドラゴンボール』が大好きです。『ドラゴンボール』について話をしてくれと頼まれたら、いくらでも話すことができます（笑）。皆さんも興味があること、趣味について話をしてほしいと頼まれたら、苦なく、むしろ楽しくお話ができると思いませんか？

そんなことで他人からお金なんてもらえない。そんなふうに感じる人もいるでしょう。しかし私から言わせれば、その考えが多くの人がセミナー講師に一歩踏み出せない思い込み・障害の一つなのです。

自分の趣味でセミナーは開ける

たとえば以前、たまたまYouTubeで見かけた動画でルービックキューブを実演していました。あっというまにルービックキューブを揃えてしまうのですが、それだけではありません。たくさんのルービックキューブを組み合わせて大きなアニメの絵やアートを作るのです。「クレヨンチャンネル Kureyon Ch」という2人組が出演しているチャンネルなのですが、登録者数はなんと25万人以上います。もしこの方がルービックキューブのやり方を教えるセミナーを開けば、確実に集客ができるはずです。

ここで私がお伝えしたいのは、ルービックキューブでも工夫をすればセミナーを開けるということです。つまり、**どんな趣味・テーマでも、工夫次第でセミナーにつなげること**

ができる。だからセミナー講師は誰でもできる。私はそう考えています。

自分の趣味、得意なことなんて人に教えられるレベルではない。そう思ったかもしれませんね。しかしそれも思い込みです。くわしくは第3章に書きますが、たとえば数年前の自分自身に向けて、今の皆さんが何かを教えることはできると思います。

テニスを5年間やっていれば、初心者に打ち方を教えることはできるでしょう。世の中には初心者はいっぱいいます。テニス歴5年でも、YouTube動画を工夫して配信して人気が出れば、テニス教室を開くこともできるわけです。

そう、**別にプロレベルでなくても、めちゃくちゃうまくなくてもいいのです。情報発信などを通して皆さんに興味をもってくれる人さえいれば、セミナーを開くことはできる**のです。

一方で人前で話をするのが苦手。そういう人もいるかもしれません。しかしこれは単純に場数・練習を積めばクリアできる問題です。第4章に書いたノウハウを学び実践いただければ、誰でも楽しく人前で話ができるようになります。

セミナー講師は誰でもできる。ものすごい専門知識もいらない。今の時点では「そうなのかも？」という気持ちで読み進めていただいてOKです。

1-4 ノーリスクではじめられる講師業

お金をかけずにできる

もう一点、セミナー講師が副業に最適なのは、お金が全然かからないという点です。極端に言えば、しゃべるだけだからです（笑）。つまり、ほぼ**ノーリスクではじめられる**。これは大きいのではないでしょうか。

たとえば不動産投資をしようと思えば、不動産を買わないといけない。ハイリターンではありますがハイリスクです。また、物を売る商売をやろうと思えば、在庫を抱えるリスクがあります。

しかしセミナー講師の場合、しいて言えば会場代の負担くらいですみます。たとえば3時間のセミナーをどこかの会議室を取ってやる。その場合、支出は会議室代の数千円程度です。もし受講生が一人でもいれば大抵の場合、もとは取れます。どうしても損したくないなら、受講生が確保できてから会議室を取るようにします。そうすれば損することもないわけです。

さらに言えば、最近はオンラインでセミナーをできるようになりました。そうすると会議室を取る必要すらありません。たとえばＺｏｏｍを使ってセミナーを開催すれば、本書執筆時点で40分まで無料で開催できます。40分以上のセミナーを開催したい場合は月２０００円程度のプランに加入する必要がありますが、これもどうしても損したくなければ、先ほどと同様、受講生を確保してから申し込めばいいわけです。

つまり、セミナー講師をやる場合、損をしても月数千円程度。工夫次第で損をゼロにすることもできる。お金をかけずに副業ができる。これが大きな魅力です。

短い時間で効率よくお金を稼げる

その他にもセミナー業が副業に向いている理由があります。それは**短い時間で効率的にお金を稼げる**ことです。たとえば私は2時間のセミナーで6万円以上のお金を稼いだことが何度もあります。くわしくは第4章に書きますが、たとえば参加費1万円で6人集まれば単純に6万円の売上になります。実際、**私が開催するセミナーは高単価・少人数のセミナーが多い**です。もちろん集客ができることが条件にはなりますが、時間がない人でも取り組みやすい副業なのです。

でもスライドを作ったり、準備にたくさんの時間が必要なのではないか。そう感じた人もいるかもしれません。しかし私は基本的に準備には時間をかけません。

これもくわしくは第4章で書きますが、リアル（対面）のセミナーの場合、私は原則、スライドを作りません。ただ話すだけです。オンラインの場合は作ることもあります。それでも準備にかける時間はせいぜい各回30分程度。私は準備に極力時間をかけないことを常に意識しています。これは私が天才だからできるわけではなく、実は誰でもできることなのです。

講師をやると毎日が楽しくなる

セミナー講師をやると、単純に毎日、人生が楽しくなるメリットもあります。自分が好きなこと・得意なことを人に教えてお金までもらえる。考えただけで最高だと思いませんか。セミナーをやる時、私自身が一番楽しんでいる感覚があります。人は誰でも自分の話を聞いてほしいという気持ちがあるものです。もちろん他人の役に立つ話をする必要はありますが、自分が話をして、他人の人生にプラスの影響を与えることができる。この喜びは他に代えがたいものがあります。

昔の私もそうでしたが、会社の仕事をはじめ、本業にやりがいを感じない。そう感じている人も多いのではないでしょうか。そうすると毎日がつまらないですよね。こうした日々を過ごしていると、少しずつ自分の心・魂が死んでいく感覚を味わうようになります。わかりやすく言うと目に生気がなくなり、ゾンビみたいになっていくのです。

私自身セミナー講師をはじめてから毎日が楽しくなり、生き生きと過ごせるようになりました。目の輝きも取り戻しました（笑）。楽しいと思うことをやっていると、自分の心・魂に栄養を与えることになります。心が満たされ、子供の時のように彩りのある世界に生きることができるようになるのです。

自分が楽しめて、人に良い影響を与えることができる。しかもお金までもらえる。セミナー講師は最高の仕事の一つだと私は考えています。

憧れからはじまった、私のセミナー講師のキャリア

ここで少し私が講師を目指したきっかけをお話ししておきたいと思います。私が講師を目指したきっかけは、自分が憧れていた人たちがセミナーを開催していたからです。その人たちはブロガーでした。

私は社会人になって5年目の２００９年からブログをはじめました。この頃はブログを

はじめとして、情報発信をきっかけに独立する人が多かった印象があります。

入社3年目くらいからビジネス書を読み漁るようになり、いつか独立できるくらいに力をつけたい。そう考えるようになっていた私は、ブログをはじめてみようと思い立ちます。どれぐらい時間がかかるかはわからない。でもいつかブログをきっかけに独立できたらいいな。そんなふうに考えました。

当時私が憧れていたブロガーの多くはセミナーを開催していました。私は彼らに会いに、セミナーを受けにいきました。たくさんの人の前で話をする彼らの姿を見て、いつか自分もあんなふうに人前で話したい。そう強く感じたのです。

あんなふうになりたいな。きっかけはそんな単純な憧れでした。そんなきっかけで私はセミナー講師を目指すようになったのです。

少人数に向けて話すのも立派なセミナー

セミナー講師というと大きな会場で大人数の人に対して話す――そんな印象をもっている人もいるかもしれません。そう考えると、「自分にはとてもできない」と思ってしまうでしょう。しかしそんなことはありません。

単純に人前で話すのであれば、それは立派なセミナーです。たとえば私は、4人から多くても8人くらいの少人数制のセミナーをよく開きます。集客がうまくいかない時は受講者が1人ということもあるわけです。それでもセミナーはセミナーです。その方と楽しみながらやります。

私は会社（本業）でもセミナー講師をやっています。会社のセミナーの場合は会社の信用もあるので200名近くの方を前にお話しすることも珍しくありません。これももちろんセミナーなわけです。

受講生の規模は小さくても全く問題ないのです。たとえ少人数でも、一人あたりの受講料が高ければ十分なお金を稼ぐことができます。大人数に向けて話すことが必ずしもセミナーではない。少人数を対象にやってもいい。このことを頭に入れておいてください。

さて、第1章はここまでです。セミナー講師は楽しそう。やってみたい。そう感じてもらえたら嬉しいです。一方でそう感じるものの、多くの人は情報発信をはじめ、活動する時間が作れない。そんな悩みを抱えているでしょう。私も長時間労働に悩んでいた時はまさにそうでした。第2章では、そこから私がどうやって活動する時間を作り出せるようになったのか、私自身の話も含め、時間を作り出す方法について話をしていきたいと思います。

コラム

「やりたいことが見つからない」について思うこと

「やりたいことが見つからない」と悩む人は多いと思います。昔の私もそうでしたから、その気持ちはよくわかります。幸い私はこの問いに対する答えを見つけました。その経験から、このテーマについて今の私が感じることを書いてみたいと思います。

私が思うに、**やりたいこととは「やらずにはいられないこと」です。**たとえば私の場合、ブログはまさにそうでした。ある時からブロガーに憧れるようになり、「ブログをやりたい！」と思うようになりました。「ブログをやったほうがいいのかなぁ」などと迷うこともありませんでした。セミナーも同じです。「セミナーをやりたい！」と思った。だからやった。そんな感じです。

別の例を挙げましょう。たとえば私はタスク管理をマスターしました。これは少し切り口は異なるものの、ふりかえれば、まさに「やらずにはいられないこと」でした。長時間労働に悩んでいた頃の私は、仕事のことが頭から離れないことに悩んでいました。やることが多すぎて管理できず、いつも不安から仕事のことを考えずにいられなかったのです。

タスク管理はツールで仕事を管理することで、頭を仕事の管理から解放する手法です。私は自分のメンタルを保つために、タスク管理を身につける必要があったのです。だからタスク管理を独学で学び続け、マスターすることができたのです。それはまさに自分が生き抜くための「生存戦略」だったと言えるでしょう。

そう考えると書くことやセミナーも、私にとっては生存戦略だったと言えます。私はそうして自分を表現しないと「気が済まなかった」のです。

このように「やりたいこと」とは必ずしも前向きなものとは限らないのです。むしろ、必要に駆られてやらざるを得ないことだったりします。そう考えると、「やりたいこと」は今現在やっていることにヒントがあることが多いのです。もし今、やりたいことが見つからない、そう悩んでる人は次の質問を自分にしてみてください。

・自分がやらずにはいられない。ずっと考えてしまうことはなんだろう?
・気になってしかたがないことはなんだろう?

これらの答えを考えれば、自ずと「やりたいこと」の解が導き出せるはずです。ぜひ考えてみてください。

第2章

副業に割く時間を確保するコツ

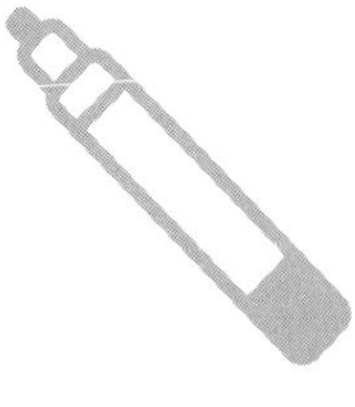

2-1 セミナー講師の日々のTODO

本章では本業をしっかりとこなしつつ、セミナー講師としての活動時間を確保する方法をお伝えしていきます。私の場合は第1章にも少し書きましたが、自分自身が長時間労働を乗り越えるために身につけたタスク管理をセミナーで主に教えています。

ここでは、私がセミナー講師を行うために日頃どんな活動や準備をしているのか。その時間を捻出するためにどんな工夫をしていて、どんな時間の使い方をしているのか。私自身の体験を紹介しながら、セミナー講師としての活動時間を確保する戦略と戦術をお伝えしていきます。

また、副業でセミナー講師としての活動時間を確保するためには、本業をしっかりとやりつつも、そこにかける時間を減らすことが重要です。そのための方法についても書いていきます。

まずは私がセミナー講師として日々どんな活動や準備をしているのかを、説明していきましょう。

セミナー講師になるために必要な活動

セミナー講師に必要な活動は大きく分けて2つです。一つは**集客するための日頃の情報発信。**もう一つはセミナーを**実際に開催するための準備と本番**です。一つずつ簡単に説明していきましょう。

①日頃の情報発信

私の場合はブログを書いたり、Yahoo!ニュースに記事を書いたり、YouTubeやPodcast（音声配信）に配信する形で日々情報発信をしています。**セミナーに来てもらうためには日頃から自分がやっていることを世の中に発信する必要があります。**まずは皆さんに興味をもってもらう。そうしてはじめてお客さんは「あの人のセミナーに参加しよう」と思うからです。

具体的にどんな手段でどうやって情報発信したらいいかについては、第3章にくわしく書いていますので、ここでは割愛します。

②セミナー開催の準備と本番

セミナーを行うためには簡単に言うと次の3つの作業が必要です。

- セミナーの**告知**をする
- セミナーの**準備**をする
- セミナーを**開催**する

いずれも第4章以降にくわしく書いていますので、ここでは簡単に説明します。

「セミナーの告知をする」とは、セミナーの告知文（案内文）や、申し込みページを作る作業です。簡単に言えば「こんなセミナーをやります。参加したい人はここから申し込んでください」というサイト・ページを作ることです。サイト・ページ自体は簡単に作れるサービスがあるので、実質的な作業は告知文を作る作業となります。ちなみに私の場合は一つのセミナーを開催する時に告知文作成にかける時間は大体30分くらいです。

次に、セミナー当日話をするための準備の時間が必要です。一般的なセミナーであれば、パワーポイントなどで資料を作って当日話をしますよね。話の構成を考えたり、資料を作

セミナーに至る流れ

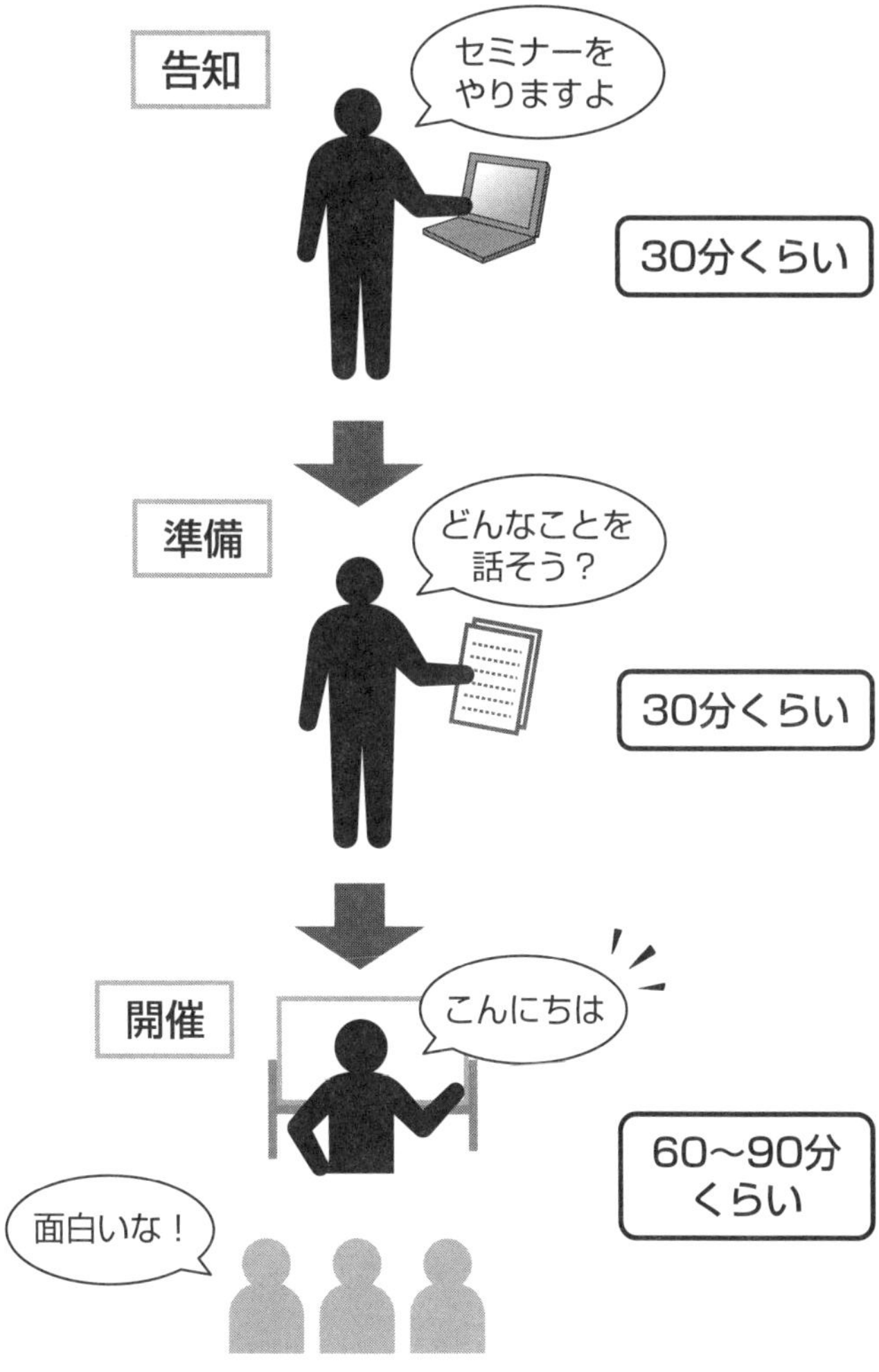
告知
セミナーを
やりますよ
30分くらい
準備
どんなことを
話そう？
30分くらい
開催
こんにちは
60〜90分
くらい
面白いな！

る。こうした時間が必要となってくるわけです。私の場合は意識的に、準備に時間をかけないようにしています。そのため準備にかける時間は、セミナー1回につき大体30分というイメージとなります。

最後に、セミナー本番・当日です。私の場合、セミナーは1時間〜1時間30分くらいで、平日の夜、20時あたりから行うことが多いです。現在は月2回を目安に毎月セミナーを開催しています。セミナー本番に取られる時間は大体月3時間くらいということになりますね。

さて、ここまでがセミナーを開催するために日々必要な活動です。**簡単に言えば、できるかぎり毎日情報発信をして、セミナーを開催する段になったら告知をして、準備をして、あとは本番で話す。これがセミナー講師としての活動です。**なんとなくイメージが湧いたのではないでしょうか。

次からはどうやってここに書いた活動時間を確保するか。その方法を説明していきたいと思います。

2-2 「時間がない」は実は優先順位の問題

セミナー講師に限った話ではないですが、副業をやろうとする時に一番最初に多くの人が直面する問題はおそらく「時間がない」でしょう。しかしここでまずお伝えしたいのは**「時間がない」という問題は、実は優先順位の問題だ**ということです。このことがよくわかる話を一つ紹介したいと思います。

2010年に映画にもなった『食べて、祈って、恋をして』（早川書房）で知られる世界的人気作家エリザベス・ギルバート。彼女がある時、Facebookで何千もの人を対象にアンケートを取りました。質問は「もっとクリエイティブな毎日をすごすための一番の障害となるものは何か？」でした。95%が「時間がないこと」と回答したそうです。

このことがどれだけおかしいか、気がつきましたか？　回答者はFacebookを見ながら時間がないとアンケートに答えているのです。

この話は客観的に見ると笑ってしまいますが、私たち自身も同じことをやっていないか、冷静に考えなければいけません。私たちが使える時間は1日24時間と限られています。これは何かに時間を使うと、別の何かにその分、時間を使えなくなるということです。

たとえば今、夜の20時だとします。自由時間は2時間です。睡眠時間を7時間確保するために22時に寝なければいけないとしましょう。資格試験に向けてこの2時間を勉強に費やそうと決意したとします。しかしいざ取り組もうとしたら、パートナーから連絡が来て1時間話をしてしまった。こうなると、勉強する時間は1時間しか残っていません。どうしても2時間勉強したいなら、睡眠時間を1時間削って時間を捻出しなければいけません。

このように、何かに時間を使うということは他の何かに使える時間を犠牲にするということなのです。まず、このことを自覚することがとても大切です。この場合なら1時間、パートナーと話をする代わりに、勉強時間あるいは睡眠時間が失われるのです。

意識して時間を使うことの大切さ

私がここでお伝えしたいのは**意識して時間を使うことの大切**さです。たとえば先ほどの例なら、パートナーから連絡が来た時に何も考えずに話をするのではなく、次のどちらの選択をするかを意識して行動しなければいけません。

①パートナーとそのまま話をする
②これから勉強しなければいけないのでまた明日、話をしようと提案する

このケースはパートナーが相手なので苦渋の決断を迫られるわけですが（笑）、YouTubeを見る時も考え方は同じです。YouTubeを見ようと思った時、これからYouTubeを見る時間は他の何か、たとえば勉強や情報発信する時間に使うことができる。このことを意識したうえでYouTubeを見るかどうかを決めるべきなのです。

つまるところ、時間の使い方で私たちが最も考えなければいけないのは24時間をどのように使うか。何にどれくらいの時間を使うか。その優先順位と配分を考えることなのです。

ではこれらをどうやって考えていけばいいのでしょうか。

まずは私が情報発信、ブログをはじめた時の体験からお話しさせてください。そのうえでどうすればいいか、提案したいと思います。

2-3 副業に割く時間を有効に生み出す方法

読書に逃げて情報発信を怠っていた20代

私がブログでの情報発信をスタートしたのは２００９年でした。勝間和代さんの本を読んで、これからは情報発信が大切になる――そう強く感じたことがきっかけです。数年前から「いつか独立したい」と考えるようになっていた私は、ブログで成果を出せば独立できるかもしれないと考えました。当時はブログも人気があり、人気ブロガーで会社を辞めて独立している人もいました。自分もその人たちみたいになれるかもしれない。そういう気持ちもあり、ブログをはじめることにしたのです。

ブログをはじめたのはいいのですが、思うように更新できません。週1回、週末のどちらかを使って更新するような頻度で、内容も日記みたいなものでした。会社の仕事はたしかに忙しかったです。しかし更新頻度が低かった理由を今あらためてふりかえると、やは

り優先順位の問題だったように思います。

当時の私は読書にたくさんの時間を費やしていました。ブログを書くより、読書の時間を優先していたんですね。当時私も20代の後半で、成長しなければと焦っていた時期でした。単純に読書が楽しかったこともあり、当時の私にとってはとにかく時間があれば読書。残りの時間にブログを書く。そんな優先順位・意識でブログに取り組んでいたのです。だからブログを書く時間がなかったのです。

今思えばですが、ブログの更新頻度を本気で上げたかったのであれば、本を読む時間を減らして、その分ブログに時間を費やせばよかったのです。しかし、アウトプットするよりインプットするほうがラクなんですよね。そういう意味では、読書することはいいことだという名目で、アウトプットから逃げていたのかもしれません。

いずれにせよ、この時期はブログを書くことより本を読むことのほうが優先順位が高かった。だから時間がなく、ブログを書けなかった。そう感じています。

偶然の出会いから毎日ブログを書くように

本格的にブログを更新するようになったのは今のブログ「いつでも　スタオバ！！！」

（https://startover.jp/）をスタートしたことがきっかけです。ある日セミナーに参加したところ、偶然、今ブログをサポートいただいている大東信仁さんと出会います。大東信仁さんはブログの専門家。話を聞いてみると、新しいブログを作るのを手伝っていただけるとのことでした。せっかくブログの専門家のサポートを得て新しいブログを作るなら、本気でやってみよう。そう私は決意します。

当初は週3～4回の更新がせいぜいでしたが、本気でブログで人生を変えたいなら毎日更新する必要がある――そう感じた私は、ある日から「試しに毎日更新してみよう」と決意します。そうしてまず1週間、毎日更新してみました。会社の仕事はあいかわらず忙しかったので、睡眠時間を削ったりしながらなんとか毎日更新を達成しました。達成感はあったものの、このやり方では長く続けられない。本能的にそう感じた私は、どうやったらムリなく毎日更新できるようになるかを考えることになります。

苦渋の決断――本業の時間を減らす決意

ブログを毎日更新したい。でも睡眠時間は犠牲にしたくない。これが当時の私の悩みでした。睡眠時間を削ると、本業にも影響が出ます。何より、健康に良くない。当時から私にとって睡眠時間の優先順位は高かったのです。睡眠時間を削る方法以外で時間を捻出する方法を考える必要がありました。

一方で家族と過ごす時間も大切。こちらを削るわけにもいきません。さんざん考えたあげく、本業にかける時間を減らすしかない。そんな結論に至ります。ちょうど働く時間を減らさないといけないと感じていた時期でもありました。当時私は長時間労働で、上司からもう少し働く時間を減らすように注意を受けていたくらいでした。この機会に働く時間を減らしてみよう。そう思ったのです。

当時は始業前に1時間半ほど前業していました。その前業の時間をブログ執筆に充《あ》てれば、朝書く習慣が作れる。こうした理由で私は毎朝始業前に会社近くのマクドナルドで毎日ブログを書くようになりました。これが始業前に執筆するという今の私のスタイルのもとになっています。

ここでのポイントは、私の中で優先順位の変化が起きていることです。ブログをはじめる前の私は、仕事・本業の優先順位がとても高かった。しかしブログをはじめて、楽しいと感じました。本気で人生を変えたい。そう思うようにもなった私は、当時は無意識でしたが、自分の中でブログの優先順位を上げたのです。だからこそ前業の時間を使って毎日ブログを書くようになったのです。

ここまで私が優先順位を変えたことで執筆する習慣を作った話をしました。優先順位を上げて新しい習慣を作るイメージが少しは湧いたかと思います。

セミナーの集客には定期的な情報発信が必要です。必ずしも執筆である必要はありませんが、情報発信をするための時間を確保する＝習慣化する必要があります。そのためには、まず自分の中で本気度・優先順位を上げる必要があるのです。

2-4
習慣化の3つの要件

私は何かを習慣化したい時、次の3つの要件を意識するようにしています。

①やる場所を決める
②やる時間帯を決める
③やる時間を決める

一つずつ説明していきましょう。まずは①「やる場所を決める」からです。

何かを習慣化したいなら、まず取り組む場所を決める。ここからスタートしましょう。

なぜこのことが大切なのか。その場所に行けば自動的に習慣に取り組むことができるようになるからです。

たとえば私の場合は現在、執筆はスターバックスで行うことが多いです。7時に開店するので店に入ります。毎回同じコーヒーを注文し、同じ席に座ります。ノートパソコンを開き、そのまま流れるように執筆に入っていきます。

ここでのポイントは、店に入ってから執筆するまでが一連のルーティン（流れ）になっていることです。店に入ってから席に座って、文章を書きはじめる。ここまでが一連の作業・流れになっています。だからこそ店に入ってしまえば、迷うことなく執筆に取り組むことができます。実はこの**迷いが生まれないというのは、習慣を作る際に、ものすごく大切な要素となる**のです。

「やるか、やらないか」の選択肢を作らない

考えてみてください。多くの人が習慣を作ることができないのは、いざ取り組もうと思った時に自分の中に心理的な抵抗を感じるからではないでしょうか。たとえば毎日ランニングする習慣を作りたいとします。そう決意した時はいいのですが、いざ翌日走りに行こうとすると、途端に「面倒くさい」「走りたくない」と感じます。これが心理的抵抗です。私はこれを「心理的ハードル」と呼んでいます。人はこれを感じると「後にしよう」と行動を先送りしがちです。

ではどうしたら先送りせずに取り組むことができるのでしょう。対処法はいくつかあり

ます。その一つが先ほどお話しした、「迷いをなくすこと」なのです。**人は「やるか、やらないか」の選択肢があると、先送りしてしまう傾向にあります**。逆に迷いがないと、取り組むことができます。

たとえば締め切りが迫っている仕事を先送りせずに済むのはなぜでしょう？

それは先送りするという選択肢がないからです。締め切りギリギリなのに先送りしてしまえば大変なことになるのがわかっている。だから締め切りギリギリの場合は「やるか、やらないか」の選択肢がありません。あるのは「やる」のみです。だから先送りせずに取り組むことができる。そういうことです。

このことからわかるのは、あることに確実に取り組みたいなら、「やるか、やらないか」の迷いをなくす。すなわち「やる」のみの状態をいかに作り出すか――これが大切になってくるということです。その一つの方法が、私がスターバックスに入るように、一種の流れ・ルーティンを作ってしまうことなのです。

先ほども説明した通り、私の場合、店に入ってから執筆までが一連の流れになっています。だから店に入ってしまえば「執筆するか、しないか」と迷うことがありません。店に入る＝執筆するなのです。

このように、習慣化したいことがあるなら、それを行う場所を決めて、そこに行ったら必ず取り組む。そう決めてしまいましょう。そうすれば自然と私のように流れ・ルーティンを作ることができるはずです。

ポイントは、**その場所（たとえばスターバックス）に着いたら、一番最初に習慣に取り組む**ことです。ゆっくりコーヒーを飲むのはいいことですが、作業を終えてからにしましょう。一息ついてからやろうと思うと、必ず迷いが生まれるからです。そうすると「今日はいいや。このままゆっくりしよう」となります。店に入ってからアクション・行動までを一連の流れにする。そうすることができれば、店に入れば必ずその習慣に取り組むことができるようになります。

取り組む時間帯を決める⇒さらに迷いがなくなる

次は②「やる時間帯を決める」についてです。取り組む時間帯を決めることも習慣化には有効です。私の場合は会社の仕事をはじめる前に執筆すると決めています。**やる場所だけでなく、取り組む時間帯とセットにすることでさらに「迷い」をなくすことができます。**

たとえば「今日どこかの時間でやろう」と思うと迷いが生まれます。日中忙しくしていると気づけば夕方になっていて「明日やろう」となってしまう。会社員であれば予期せぬ残業になり、時間が取れない。そんな時も出てきます。毎日確実に取り組みたいなら「いつ取り組むか」を決めてしまうのがベストです。

会社員なら、始業前が一番おすすめです。理由は簡単。この時間帯が一番確実に取り組めるからです。先ほども書きましたが夜の時間帯は急な仕事や用事が入ったりするリスクがあります。始業前の朝早い時間帯なら他人から連絡が来て取り組めないというリスクがなくなり、より確実に取り組めるのです。

夜の時間帯は疲れを感じる人も多いはずです。そうすると「今日はやる気が湧かないから明日にしよう」となりがちです。朝の時間帯なら気力も十分あります。夜の時間帯よりも取り組める確率は圧倒的に高くなります。

毎日15分でも何かを続ける

最後に③「やる時間を決める」についてです。毎日どれだけの時間（分数等）取り組むか。これを決めるのも有効です。心理的ハードルを下げることができるからです。どういうことか、説明しましょう。

実は現在、私は毎日小説を15分執筆しています。なぜたった15分なのか？　今の私には、それ以上の時間取り組もうとすると着手することがむずかしくなるからです。

どういうことかというと、今の私にとって小説を書くことは実現したいこと・やりたいことではありますが、一方で、優先順位がものすごく低いのです。1日に使える時間は限られていて、自分のキャリアを考えると、今はビジネス書を書くことなどにもっと時間を使いたいのです。

しかもビジネス書と違い、小説は今まで書いたことがないので、当然思うように書けません。そうすると余計取り組みにくくなります。こうした理由から、小説を書くことは今の私にとっては心理的ハードルがとても高くなっているのです。

ではどうすれば小説に取り組めるのか。その答えが「毎日15分だけ取り組む」だったわけです。通常私は何かに取り組む時に、30分を一つの単位としています。しかし小説の場合、30分でもキツいと感じました。毎日ムリなく取り組める単位はどれくらいだろう。そう考えた時に15分という結論に達したのです。

ここでお伝えしたいことは、**取り組む時間を調整することで心理的ハードルを下げることができる**ということです。私の場合、小説を書くという行為を続けるのに30分は厳しいと感じましたが、15分ならなんとかできそうと思えました。心理的ハードルが下がるからです。このように、習慣化したいことがあるなら、ムリなく毎日取り組める時間を設定することが大切です。

取り組む時間は30分を基準としながら、このように自分のモチベーションや優先度合いに応じて決めるといいでしょう。

なぜ30分なのか。科学的根拠などももちろんありますが、単純に30分なら「できそう」と思えるからです。そして30分なら、一定の成果も見込める。そう感じる人は多いのではないでしょうか。感覚的な話にもなりますが、多くの人にとって30分が取り組みやすく、成果も期待できる時間数だと私は思うのです。キリもいいですよね。これが習慣化の3つめの要件になります。

2-5 本業の稼働時間を減らす方法

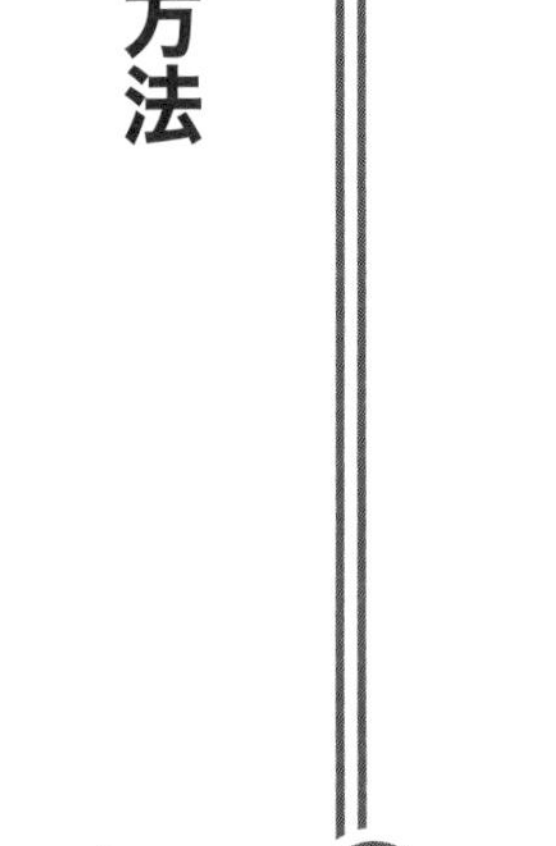

さて、ここまで習慣の作り方を説明してきました。一方で、たとえば毎日長時間労働していてそもそも情報発信や副業に割く時間が作れない。そう悩んでいる人もいるかもしれません。

この点については結局、優先順位の問題だということは少し前に書きました。私もブログをはじめたらブログの優先順位が上がり前業をやめました。ブログを書くために働く時間を減らしたわけです。

このように、**やりたいことがあるならまずはじめてしまう**。**そうすると自然に働く時間を減らそうと考えるようになる**。**これが私の考えです**。時間に余裕ができたらやりたいことをやろう。そう考えている限り、いつまでたっても取り組むことはできません。厳しいかもしれませんが、まずこの現実を直視してほしいとは思います。

本書は副業としてのセミナー講師のやり方を紹介する本であり、時間管理について細かい話まではできませんが、働く時間を減らし副業の時間を作るための大きな考え方・戦略を書いておきたいと思います。

仕事を効率化しても働く時間は減らない

働く時間を減らすことを考える時に一番押さえなければいけない重要なポイント。それは、仕事を効率化しても必ずしも働く時間が減るわけではないということです。たとえばムダな会議や資料を廃止して、月に10時間空き時間を作れたとします。しかしその後、あらたに10時間、別の仕事を引き受けてしまえば、働く時間は全く減りません。

盲点・問題は「**仕事は無限にある**」ことなのです。会社や個人が売上を伸ばそうとしたり、成長しようとし続ける限り、仕事は無限に増え続けます。目指す売上（目標）には上限がないし、成長にも終わりがないからです。会社や個人は新しい仕事をどんどん作り出していきます。仕事は無限に増え続ける。だからこそ、いくら業務を効率化して空き時間を創出しても、その空き時間にあらたな仕事を入れ続けてしまう限り、働く時間は減らないのです。

では働く時間を減らすために我々はどうしたらいいのか。必要なのは「**線引き**」です。仕事が無限に増え続けることに対し、どこかで線を引くのです。そうしないと仕事が無限に増え続けるのと同時に、我々も永遠に働かなければならなくなるからです。

「線引き」の一番シンプルな方法。それは働く時間、つまり何時間働くか、これを制限することです。いきなり私のように残業ゼロを実践する必要はありません。たとえば普段20時に仕事を終えているのであれば、明日から19時半に仕事を終えるようにしてみましょう。そうして19時半に仕事を終えることが習慣化したら、次は19時に仕事を終えるようにしてみます。そうして少しずつ、段階的に働く時間を制限していく。そうすればムリなく働く時間を減らすことができるようになります。

働く時間を減らしても成果はほとんど変わらない

「働く時間が減るのはいいが、仕事が終わらなくなったり、成果が減ってしまうのでは？」と心配になった人もいるでしょう。意外かもしれませんが、**働く時間を減らしても実は成果やこなせる仕事量はほとんど変わらない**のです。

例を挙げましょう。『週刊少年ジャンプ』で40年間も連載し、単行本は全２０１巻にもおよぶマンガ『こちら葛飾区亀有公園前派出所』（通称：こち亀）の作者の秋本治氏は次のように語っています。

「終わる時間を24時、22時、21時と早めていき、最終的には19時に切り上げるという習慣ができあがりました。（中略）不思議なもので、終わりの時間を繰り上げ、マンガを書く時間を減らしても、できる仕事の量は変わりませんでした」（『秋本治の仕事術「こち亀」作者が40年間休まず週刊連載を続けられた理由』集英社）

なぜ働く時間を減らしても成果が変わらないのか。これが秋本氏に限った話ではないことを理解していただくために、働く時間を減らしても成果が変わらない理由をロジカルに説明しましょう。

人は時間がないと効果的に働く

皆さんは**「パーキンソンの法則」**をご存知ですか？　簡単に言えば**「仕事はかける時間に合わせて膨張する」**という考え方です。

たとえば会議で15分しかなければ15分で決められる議題も、60分あれば60分、時間をかけてしまう。会議ではそんなことも珍しくないのではないでしょうか。これは60分の時間があると、それに合わせて会議のペースが進行していくからです。もし15分しか時間がなければ、参加者全員が「時間内に決めなければいけない」と集中力を高めて議論します。しかし60分あると雑談をしたり、のんびりと議論をしてしまう。人間とはそういうものなのです。

たとえば会社で残業禁止令が出されたことを想像してみてください。その場合、60分で予定されていた会議も、雑談を省いてなるべく早く終わらせよう――そんなふうに誰もが思うようになるのではないでしょうか。あるいは会議自体をやめるという判断も出てくるでしょう。

日本企業ではまだまだ情報共有のために会議をするという会社も珍しくありません。しかし単なる情報共有なら、関係者にメールすれば十分。会議の時間がないならメールで済ませよう。そんな判断をする人も出てくるでしょう。

人は時間がないと本当に必要なことだけに時間を使うようになるのです。だから働く時間を減らしても、秋本氏も成果を減らさずに済んだのです。皆さんも、身の周りの打ち合わせや会議などを削減できないか、見直してみましょう。

コラム

あえてインプットを減らしてみよう

情報発信をはじめとして、セミナー講師としての活動の時間を増やすためには働く時間を減らすことが大切。そのことをこの章では書いてきました。それに加えて、もう一つ意識してほしいことがあります。それはインプットの時間を減らすことです。

インプットとは、たとえばニュースサイトを見たり、SNSをチェックしたり、読書、YouTubeを見たりする時間です。なぜインプットの時間を減らしたほうがいいのか。それは**インプットに時間を費やしすぎると、アウトプットする時間が確保できない**からです。これは、セミナー講師として自身の知識をアウトプットしようとする場合でも同じです。

昔の私は読書に時間を費やしすぎたため、アウトプットができなかった。そんな話を本文でも書きました。皆さんが自分の思うようにアウトプットできるなら、今のペースでインプットを続けていただいてもかまいません。しかし、昔の私のようにアウトプットする時間がないと感じるなら、インプットにかける時間が多すぎないか、一度チェックしてほしいのです。
どんなにインプットをしても、アウトプットしなければ意味がありません。しかもアウトプットしなければ、人生は前に進みません。昔の私はインプットすることでアウトプットをサボっていたとも言えるでしょう。私は「学んでいることで自分の人生が前に進んでいる」と勘違いしていたのです。

今の私はあえてインプットの時間を1日1時間以内に収めるようにしています。そうしないとアウトプットする時間を確保できないからです。この話を昔の私にすれば「でも、今の自分には価値のあるアウトプットをする知識がない」「自信がない」「だからもっとインプットが必要だ」——そう言うでしょう。皆さんもそう思うかもしれません。

しかし信じてください。**1日1時間インプットすれば十分です。それ以上インプットするより、アウトプットに時間を費やしたほうがずっと早く人生を変えることができます。**
先ほどから書いている通り、アウトプットしないと人生は前に進まないからです。

第3章

講師になるネタを作って情報発信する

3-1 自分の専門分野を決める

セミナー講師をはじめるにあたって一番最初に考えなければいけないことは「何をテーマにするか」です。それはつまり、自分の専門分野を決めるということです。

ではどうやってそれを決めたらいいのか。結論から言ってしまえば**「自分が興味をもっている分野から選びましょう」**というのが私の考えです。理由はいくつかあります。一つは自分が興味をもっているジャンル・分野であればすでに一定のレベルの知識を有しているからです。そうするとセミナー開催の準備期間が短くて済みます。

私が「タスク管理」をセミナーの題材にした理由

たとえば私の場合、タスク管理をはじめとした仕事術がまさにそうでした。「セミナー講師をやろう」と思い立つ前から、私は難なくたくさんの仕事術の本を読んできました。そのおかげでいざセミナーを開催しようと思い立った時、あらためて何か知識をインプットする必要はありませんでした。なぜならその時点で十分な知識を有していたからです。

私の場合はタスク管理でしたが、誰でもこうした分野があるはずです。たとえば皆さんの趣味はなんでしょう？　料理が好きで普段から楽しんで作ってるなら、人に教えることができます。マジックが昔から好きで、人より得意ならそれを教えてもいいわけです。こう書くと「自分の場合、人に教えられるほどのレベルではない」と感じる人も多いと思います。しかし本当にそうでしょうか？　一度考えてみる必要があります。

なぜなら何を隠そう、私自身も昔は「自分のタスク管理なんてたいしたことない」と考えていたからです。当時の私の話を参考までに少しお話ししましょう。

誰でも「過去の自分」になら教えられる

私自身が有料のセミナーをはじめて開催したのは2016年7月でした。このセミナーはタスク管理の達人である大橋悦夫さんにお誘いいただいたことがきっかけでした。そうして実現したコラボセミナー（共催）だったわけですが、実はお誘いを受けたのは2015年8月。実際にセミナーをする約1年程前でした。その時私は「育児が忙しくてなかなか時間がとれない」と一度断っているのです。

今からふりかえると、これは完全に言い訳でした（笑）。本音は「まだその資格が自分ない」と思っていたのです。冷静に考えれば大橋さんは私に資格がある、そう考えてくださったから誘ってくれたはずです。でも当時の私はそれを受け取れませんでした。さまざまな偶然の要素もあり、結果的に約1年後にセミナーを開催することができました。しかしそうした偶然の要素がなければ、「自分には資格がない」と思い続けて未だにセミナーを開催できていないかもしれません。その場合はこの本を書く機会もなかったでしょう。そう思うとゾッとします。

私がこの話でお伝えしたいことは**「資格があるかどうかを決めるのはあくまで他人である」**ということです。自分にとっては「人に教えるレベルではない」と思えたとしても、他人から「教えてほしい」と言われるレベルに達しているということは十分ありえます。

その道のプロでなくてもセミナーは開催できる

たとえば私は全く料理ができませんが、私のような人間でも簡単に料理ができる方法を教えてくれるセミナーがあったら受けてみたい。そう感じます。このような場合、皆さんは次のどちらのセミナーを受講したいと思いますか?

①ミシュランレストランのシェフAが教える本格フレンチ料理の作り方

②単身赴任歴10年の男性Bが教える手軽に作れて栄養満点のひとり飯の作り方

この場合、少なくとも私は②を選びます。なぜなら私は別においしいフレンチ料理が作れるようになりたいと、今の時点で思っていないからです。今の私が知りたいのは料理経験がゼロでも簡単に作れる栄養満点な食事を作る方法なのです。もちろん講師の実績があるに越したことはありません。でもこのように、**自分が知りたい情報とセミナーのテーマがずれていれば、どんなに講師の実績が素晴らしくても話を聞きたいとは思わない**わけです。

このように、セミナーで大切なのはあくまで受講者が知りたい情報を届けることで、実は資格や実績はあまり関係ないのです。

たとえばあなたがマンガを描くのが趣味で、今までずっと描いてきたのであれば、自分なりに学んだこと、コツをつかんだこともたくさんあるはずです。そうしたノウハウについて、過去の自分であればめちゃくちゃ聞きたくなるとは思いませんか？　そうです。**過去の自分のような人を対象にセミナーを開こうと思えば、誰でもセミナーはすぐに開ける**のです。

自分が興味をもっているジャンルをセミナーのテーマにしましょう。そう私が提案する理由はここにあります。今すぐはじめられるからです。

楽しく学べなければ講師業も続かない

興味をもっているジャンルをセミナーのテーマにすべきもう一つの理由。それは、**興味をもっていれば苦なく学び続けていくことができる**からです。

たとえば私の場合、仕事術に関する本を読む時はマンガを読むように楽しんで読むことができます。同じように仕事術をテーマにしたYouTubeの動画も娯楽感覚で見ることができます。自分が興味があることなので苦なく、むしろ楽しんでインプットすることができるのです。

一方でたとえば私が「今流行っているから」という理由だけでChatGPTをテーマにセミナーを開こうと思ったとしましょう。そのためにインプットをしようと思えば、同じようにはいきません。

ChatGPTももちろん多少の興味はあります。しかし、やはりセミナーを開くためにわざわざ時間を作って学ばなきゃという感覚になると、楽しくありません。仕事術を学ぶ時と比べれば意欲も低いので、学習効率も随分と違ってくるはずです。

少なくとも**一つのジャンルでセミナー講師をやり続けたいなら、皆さんは専門家として学び続ける必要があります**。その時、学ぶこと自体が苦痛であれば楽しくありません。場合によっては学び続けられなくなります。そうなるとそのテーマでセミナーを続けることができなくなります。一方、自分が好きなジャンルであれば、先ほども書いたように苦なく学び続けることができます。セミナー講師を続けられる可能性も高まるのです。

私がセミナー講師をはじめてから7年以上経ちました。これまで学び続けセミナー講師を続けてこれたのも、自分が好きなジャンルだったからこそです。好きなジャンルだからこそ苦なく学べ、長い期間をかけて探求することができたのです。

3-2

集客するのに最も効率的なのは情報発信

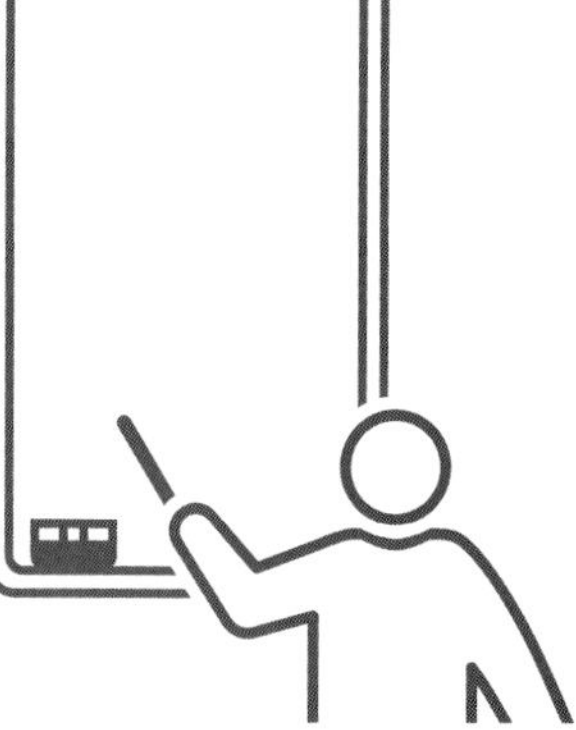

セミナーのテーマが決まったら、次のステップは情報発信です。くわしくはこの後説明していきますが、ブログ、X（旧Twitter）やFacebookなどのSNS、これらを使って、皆さんのテーマに関する情報を発信するのです。

なぜ情報発信をすべきなのか。それはセミナーの集客が簡単になるからです。皆さんがよほど有名でない限り、いきなりセミナーを開いても人は集まりません。人を集めたいなら、まず世の中にセミナーの存在を知らせないといけません。問題は「どうやって存在を知らせるか？」です。たとえばチラシを作って配ったりする方法があります。しかしチラシを作るには手間と費用がかかります。チラシを配る労力もかかります。正直、かなり面倒くさいですよね。実はセミナーを開催する一番の悩みの種は多くの人にとって「集客」なのです。

悩みの種の集客ですが、実は最も効率的なアプローチが情報発信です。たとえば毎日ブログやX、Facebook等のSNSで情報発信をしていれば、各SNSの読者にセミナー開催を簡単に案内することができます。また、SNS等にセミナーの情報をアップ（公開）していれば、ネットで検索をしてセミナーにたどりつく人もでてきます。実際、私のセミナーの受講者の多くはネットで長時間労働の解決法などを検索しているうちに私のブログ等にたどりつき、セミナーを受けに来てくれた人たちです。

このように、日頃から情報発信をしていると、労力をかけずに集客ができるようになるメリットがあるわけです。

情報発信から集客までの流れ

情報発信が集客に役立つ理由がもう一つあります。それは**皆さんがどんなことをやっているのかを日々発信することが集客につながる**からです。たとえば私たちがアーティストのライブに行くまでの流れを考えてみましょう。街中やスターバックスで「この曲いいな」と思える曲に出会う。その曲を調べてアーティストを知る。

そのアーティストのアルバムを聴いたり、YouTubeなどで歌ってるところを見たりする。こうして徐々にそのアーティストを好きになり、ライブに行く。こうしたイメージで人は好きなアーティストのライブに行ったりするのではないでしょうか。

セミナーを受けにくる流れの例

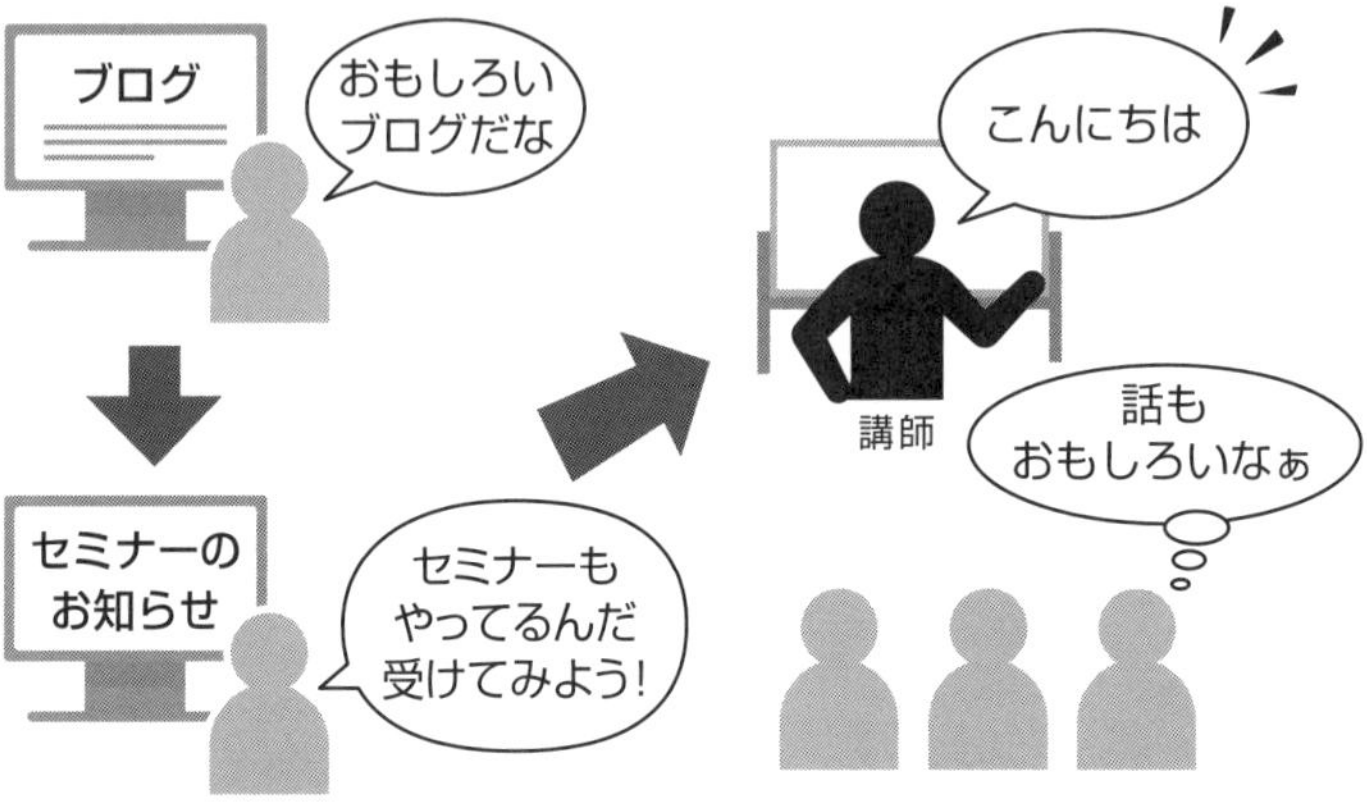

実はお客さんがセミナーに来る時も基本的な流れは同じです。あるテーマについてネットで調べていたら、たまたまブログの記事を見つける。その記事がおもしろかったので他の記事も読んでみる。こうしてその人のことが気に入れば、ブログを定期的にチェックするようになる。そのうち「セミナーをやります！」という告知が目に入る。「試しに受けてみるか」とセミナーを受講する。人がセミナーを受けるまでの流れはこんな感じです。

簡単に言うと、**情報発信はお客さんに私たちのファンになってもらい、セミナーを受けに来てもらうための入口の役割を果たすもの**なのです。

中にはたまたまセミナーの告知を見つける人

もいるでしょう。直感と勢いで申し込む人もいるのでしょうが、大抵の人は自分の貴重なお金と時間を投資するわけですから、セミナーを受ける時は慎重に「このセミナーを受ける価値があるのかどうか」を検討するはずです。そんな時こそ日頃の情報発信が役立ちます。このことを別の例を使って説明しましょう。

セミナーに興味がある人に「判断材料」を提供する

たとえば皆さんが料理教室に通いたいと思ったとします。ネットで家の近くにある料理教室がないか、検索したとしましょう。調べてみると2つのホームページが見つかりました。

一つはどんなことを教えているのか、料理教室の内容だけが書いてあります。もう一つのホームページでは、料理教室の概要とは別に、講師がブログを書いているのを見つけました。さまざまな料理の作り方を写真つきで紹介しています。さてこの場合、皆さんはどちらの料理教室に通うでしょうか？

ブログの内容がイマイチというケースを除けば、大半の人はブログを書いている料理教室を選ぶでしょう。なぜか？　それはブログを読んで講師の人柄を気に入ったり、「この人に教えてもらえば楽しく料理ができそうだな」「おいしい料理が作れるようになれそうだな」などと想像するからです。
先ほども書いた通り、セミナーを受けてもらうためにはお客さんに「このセミナーは受ける価値がありそうだ」と感じてもらわなければなりません。そのためにはそう思ってもらえる情報をお客さんに提供する必要があります。せっかくセミナーの告知を見てもらっても、情報が少なければ「このセミナーは受ける価値がありそうだ」とは思ってもらえません。

ブログをはじめ、日頃から情報発信をしていれば、セミナーに興味をもってくれたお客さんに追加で情報を提供することができます。お客さんも興味があれば「どんな人なのか、ブログも見てみよう」となるわけです。そこで自分のことを気に入ってくれればセミナーに来てくれるわけです。

「このセミナー、役に立ちますよ！」と必死にアピールしても、お客さんが来てくれるとはかぎりません。情報が少なければお客さんも皆さんのセミナーが役に立つのか、判断できません。**皆さんはセミナーが役に立つ証拠を示さなくてはならない。それが日頃の情報発信なのです。**

3-3 ムリなく情報発信を続けられる方法を見つける

ここまでの話で、情報発信をするとセミナーの集客がしやすくなることはわかってもらえたと思います。次はどうやって情報発信をしていったらいいのか。戦略（考え方）と戦術（具体的な方法）をお伝えしていきましょう。

一番最初に私が伝えたいのは、「**楽しく続けられる方法を見つけましょう**」ということです。理由はいくつかあります。

一つは単純に、楽しくなければ続かないからです。何事もそうですが、成果が出るには時間がかかります。

たとえば私自身で言えば、自分のブログが「少しずつ読まれてきてるな」と感じはじめたのは２００記事を超えたあたりからでした。それまでは毎日ブログを書いていてもアクセスはほとんど増えず、砂漠に水を撒いているような気持ちになりました。それでも私が２００記事に到達するまで書き続けることができたのは、純粋にブログを書くことが楽しかったからです。当時は仕事も忙しく、子供たちも小さかったので書く時間を捻出することは簡単ではありませんでした。

楽しくなければ続けるのは困難です。以前も書いたように成果が出るまではそれなりに時間がかかります。ピアノで曲を弾けるようになりたいなら、それなりに練習が必要です。同じように、たくさんの人に見られるコンテンツ（ブログ記事、YouTube動画など）を作れるようになりたいなら、たくさん作って練習する必要があるわけです。

「運」の要素も無視できない

また、成果は運にも多分に左右されます。自分の発信しているテーマが時流に乗っていれば、たくさんの人にコンテンツが見られるチャンスも増えます。逆も然《しか》りです。

たとえば私の場合、一時期、心理カウンセラーの心屋仁之助さんの考え方に強く影響を受け、彼の本を読んでその気づきをブログで発信している時期がありました。その時は彼のキャリアも絶頂期。書いた記事もたくさん読まれました。しかしそうした記事も彼のブームが去った今ではあまり読まれていないようです。このように、同じ記事でも時流、すなわち人々の需要・興味があるかどうかでアクセス数（成果）が変わってくるのです。

このことからわかるのは**成果は運にも多分に左右される、自分ではコントロールできない**ということです。つまり、成果を出すためには、いつになるかわからないけど、成果が出るまで続けるしかないということです。いつまでがんばればいいかわからない。そんな中、皆さんはつらいことをずっと続けていくことができるでしょうか。多くの人はできません。だから挫折していくのです。

ゴールが見えない中、走り続けるために必要なのは楽しく、ムリなく続ける方法を選ぶことなのです。ではどうすれば楽しくムリなく続けられる方法を見つけることができるのか。引き続き説明していきましょう。

3-4 情報発信するツールを決めよう

情報発信に関してまず最初に考えることは「どのツールで発信するか」です。たとえば無料で気軽に情報発信できるツールとして私がおすすめするのは次の5つです。

- ブログ
- X（旧Twitter）
- Facebook
- YouTube
- Podcast

一つずつ簡単に説明していきましょう。

ブログ

ブログのいいところは、書きたいことがあれば自由にいくらでも書けることです。後述するXのように文字数の制限がありません。またYouTubeだと動画を撮影して編集するという作業が必要ですが、ブログのいいところはとにかく文章を書いてアップ（投稿）すればいいというところです。記事に写真なども載せたい場合も、簡単にアップできます。

では、ブログをどうやってはじめたらいいのでしょうか。

私自身は独自ドメインといって、私のブログのアドレス（https://startover.jp/）からわかる通り、お金を払って自分独自のサイトで運営しています。

しかし無料で使えるサービスもあります。まずは無料で気軽にはじめたいという人は、次の3つのサービスのいずれかではじめてみたらいいでしょう。

- note（https://note.com/）
- アメーバブログ（https://ameblo.jp/）
- はてなブログ（https://hatenablog.com/）

どのサービスも一長一短がありどれを選べばいいか正解はありませんが、私が今からブログをはじめるとしたらnoteを選ぶと思います。ただ、どのサービスを使うかに神経と時間を使う必要はありません。結局大切なのは皆さんの記事の内容、コンテンツだからです。どのサービスを使うか迷うくらいなら記事を一つでも多く書きましょう。

私のように独自のアドレスを取得して運営したい場合はWordPress（https://wordpress.com/ja/）を使ってブログを立ち上げてください。やり方が書いてある本やインターネットの記事を参照すれば自分でできないこともないですが、できる限り専門家にサポートしてもらうことをおすすめします（私自身もそうでした）。

独自ドメインはブログのデザインをはじめ、好きなようにカスタマイズできること、そして、記事が検索されやすくなるというメリットがあります（あまり細かい話をするとむずかしくなるので避けますが）。

一方、そんなに高くはありませんが、独自ドメインのブログを続けるためには、毎年費用もかかります。なので、まずはブログが自分に合っているか、確かめる観点でもnoteなどからはじめるといいでしょう。**ブログを書くことを楽しいと感じ、本格的に続けたいと思ったら独自ドメインでやってみる。これが私のおすすめです。**

X（旧Twitter）

Xはご存知の人も多いでしょう。情報発信する側は140文字という入力制限がありま す。読む側も気軽に読めて人気のツールです（ちなみに本書執筆時点で有料のサービスに加入すると2万5000字まで入力できるようです。私は無料版を使っています）。

情報発信というと、Yahoo!ニュースやブログ記事をイメージして「自分にはあんなの書けない」と思う人も多いでしょう。でも140文字なら書けそう。そう感じる人も多いのではないでしょうか。

Xはこの後説明するFacebookと違って匿名・ペンネームを使って利用してる人が多いという特徴もあります。実名でいきなり情報発信することに抵抗がある。そう感じる人にとってXは利用しやすいかもしれません。気軽に情報発信がはじめられるという点が強みのツールです。

Facebook

Facebookもご存知の方は多いでしょう。Facebookの特徴はTwitterと違い、実名を使うのが基本ということです（あくまで基本です。私はペンネームで使っていた時期もあります）。１投稿あたりの文字数もXのように厳しい制限がないので、ブログ感覚で情報発信することもできます。実名で発信することに抵抗がないならFacebookを活用して情報発信をするのも一つの選択肢になります。

YouTube

YouTubeの場合は動画で情報発信をすることになります。動画を撮影し、編集し、投稿するという流れです。無料で利用できますし、動画を投稿する方法もそんなにむずかしくありません。私はiPhoneで撮影していますが、画質も十分と感じます。

私はYouTubeにはそんなに力を入れていませんが、それでも動画を見てセミナーを受けに来てくれる人もいます。私の体感にはなりますが、それくらいYouTubeで情報収集する人が増えてきているのだと思います。動画の撮影と編集に苦を感じないなら、YouTubeの情報発信はおすすめです。

Podcast

Podcastは聞いたことがない人もいるかもしれません。音声配信と言って、音声のみで情報発信するツールです。YouTubeの音声版（＝画像がない）と考えてもらうとイメージがしやすいかもしれません。音声配信で日本で有名なのはおそらくVoicy（https://voicy.jp/）でしょう。聞いたことがある人もいるかもしれません。一方、Podcastは日本ではまだまだ浸透していないように感じますが、海外ではとても人気です。私自身も海外のコンテンツをよく聞いています。

音声配信のメリットはYouTubeより気軽に収録できることです。たとえばYouTubeですと、背景なども映りますので、どうしても収録できる場所は限られてきます。しかし音声配信の場合、音声を録画すればいいだけ。静かな場所であればどこでも収録できます。また極端な話、髪がボサボサ、パジャマ姿で録音しても問題ないわけです。そういう意味ではYouTubeよりも情報発信のハードルは低くなるのでおすすめです。

本書執筆時点でVoicyで配信するためには、応募して審査を通過する必要があります。その通過率は5%とのことです。これからスタートする人がこれを通過するのはムリでしょう。音声配信をしてみたい人はPodcastをおすすめします。慣れればYouTube同様簡単です。私の場合、次のサービス・手順でやっています。

- GarageBandで音声を収録・編集
- Spotify for Podcasters（https://podcasters.spotify.com/）に投稿

音声の収録・編集はＭａｃやiPhoneで無料で使えるGarageBandというアプリを使っています。音声の収録・編集ができるならどんなアプリ・ツールを使っても問題ありません。とにかく音声を収録する。後は投稿するだけです。私は先ほど書いたように「Spotify for Podcasters」を通して投稿しています。それぞれの使い方はYouTubeやインターネットで検索すればいくらでもでてきますので割愛します。興味がある人はチェックしてみてください。

集客に一番効果があるメルマガ

以上の5つのツールと比べると少しハードルは上がりますが、**セミナーの集客を考えた時に一番おすすめなのは、実はメルマガ（メールマガジン）です。**メルマガの強みは読者との関係性にあります。わざわざメルマガに登録しているということは、少なからず皆さんのファンということです。単にブログを読みたいだけなら、ブログを自ら見にいけばいい。わざわざメルマガに登録してるのは、皆さんの発信する情報を見逃したくないから、つまりファンだからです。

そうしたファンにセミナー開催のお知らせを送れば、ブログやXで告知するよりもずっと効率的に集客できます。メルマガは皆さんとファンをつなぐ最も強い架け橋になるのです。

メルマガを定期的に発信するのは大変――そう思うかもしれません。しかし必ずしもそうとは限りません。たとえば私がメルマガをやっていた頃は毎日昼休みに15分、日常の気づきや感じたことを発信していました。更新は毎日が望ましいですが、私は平日限定で毎日配信してました。自分にとってムリのない範囲で続けていけばＯＫです。

定期的に更新するなら週一度だけの発信もありです。私が購読している海外の作家は全員週一度の更新です。今の私はYahoo!ニュースや本の執筆を優先してるためメルマガはやっていませんが、いずれ再開しようかとは思っています（再開するとしたら、今度は週一度の更新にしようと考えています）。

もし余裕があればメルマガにもぜひチャレンジしてみてください。ちなみに私はオートビズ（https://autobiz.jp/）という有料のサービスを使って配信してました。

3-5 迷ったら憧れの人の真似からはじめる

ここまでさまざまなサービスを紹介しましたが、「結局どれをやったらいいの？」と感じた方もいると思います。そんな方に向けて、どうすればいいのか、私なりの指針を示しておきましょう。

まずは皆さんの憧れの人物の真似からはじめる。これがおすすめです。たとえば私の場合、ブログをはじめたのはブロガーに憧れていたからです。もし皆さんがブロガーなど、ネットや本で文章を書いている人に憧れているなら、実際に文章を書くことからはじめるといいと思います。

一方、皆さんの憧れの人がユーチューバーであればYouTubeをはじめてみましょう。Twitterのインフルエンサーに憧れているなら、Twitterで情報発信をはじめましょう。そうしてしばらく憧れの人の発信を参考にしながら、情報発信を続けてみてください。**まずは情報発信すること自体に慣れることが大切**です。

情報発信すること自体に慣れてきて余裕が出てきたら、他のツールを試してみましょう。たとえばブログを書くことに慣れてきたら、試しにX（旧Twitter）をはじめてみたりYouTubeもはじめてみたりしましょう。

同時並行でいろんなサービスを使っても問題ありません。ただ、最初からいろんなサービスに手を出してがんばりすぎると大抵は長続きしません。なので最初は手を出し過ぎず、ブログならブログだけと、一つのサービスに集中して情報発信を続けるのが望ましい。私はそう考えています。

次に考えなければいけないのは、どうやってムリなく情報発信を続けていくか——その方法や仕組みを考えることです。なぜなら、よほどの運と才能に恵まれない限り、短期間で成果を出すことはできないからです。情報発信で成功するために必要なのはただ一つ。成果が出るまで続けることです。そのためにはムリなく続ける方法・仕組みを作り上げることが大切なのです。では、一体どうやって？　説明していきましょう。

1日に情報発信に使える時間を見極める

まず最初に考えていただきたいのは、1日の中でどれだけ情報発信に時間を費やすかです。正確に言えば、どれだけ時間を費やせるか、考えることです。どういうことか。第2

章でも少し紹介しましたが、私がブログをはじめた頃を例に説明しましょう。

私の場合、本格的にブログに取り組みたいと考えるようになったものの、その時間をどうやって捻出するか。悩んだわけです。ブログを毎日書く時間を捻出したいなら、それと引き換えに、今何かに使っている時間を減らす必要がありました。

こうした問題に直面した場合、多くの人は睡眠時間を減らすことを考えます。しかし私の場合、睡眠時間を減らすと仕事のパフォーマンスに影響します。また、家族との時間を減らすのも本末転倒。そう考えたわけです。悩みに悩み抜いた末、「働く時間を減らすしかない」という結論に至ります。

そこで、始業前に1時間半ほど前業をしていたのを、そのままブログ執筆の時間に充《あ》てることにしました。それからは、毎朝、会社近くのマクドナルドで、始業直前までブログを執筆するようになったのです。

こうして私は毎日約1時間半、平日にブログを更新する時間を確保できるようになりました。この時、意識はしてませんでしたが、私は結果的に第2章に書いた習慣化の3つの要件、これらを満たして毎日ブログを更新できるようになっていたのです。次の通りです。

①やる場所を決める↓マクドナルド
②やる時間帯を決める↓7時〜8時45分
③やる時間を決める↓1時間45分

細かい話をすれば、通勤時間・電車に乗っている時間もスマホでブログ記事の下書きを書いたりすることもありました。このように、当時の私は限られた時間の中でブログを書く時間をなんとか捻出していたのです。

私の経験から皆さんに学んでいただきたいこと。それは**自分の人生にとって大切な時間を事前に天引きしたうえで、情報発信にかける時間を考えることの大切さ**です。なぜなら、こうしたプロセスで情報発信に費やす時間を考えていかないと、どうしてもムリな形の習慣を作り上げてしまうからです。ムリな形で情報発信し、さらに副業でセミナー講師をしようとしても、うまくいくはずがないのです。

3-6 人生で大切な時間は「天引き」しておく

では、具体的にどうやって情報発信に費やす時間を考えたらいいのでしょうか？

最初のステップは、**皆さんにとって大切な時間を見極め、それに対して投資する時間を前もって決めてしまう**ことです。

たとえば私の場合、睡眠時間は原則8時間確保しています。また、17時以降は家族と過ごしたり、リラックスしたりする自由な時間です。平日であれば昼休みの1時間を除く9～17時は会社の仕事が入ります。こうして考えていけば、必然的にいつ情報発信ができるかは、左ページの図表のように答えは明らかになります。

この図表の場合、6～9時の3時間と12～13時の1時間、計4時間が情報発信に費やせる時間となるわけです。当然ながら、この中に通勤の時間なども含まれます。なので実質的に使える時間はもう少し短くなります。

私自身もブログをスタートした時に費やせた時間はせいぜい1日2時間でした。ここま

情報発信に使える時間を確保する

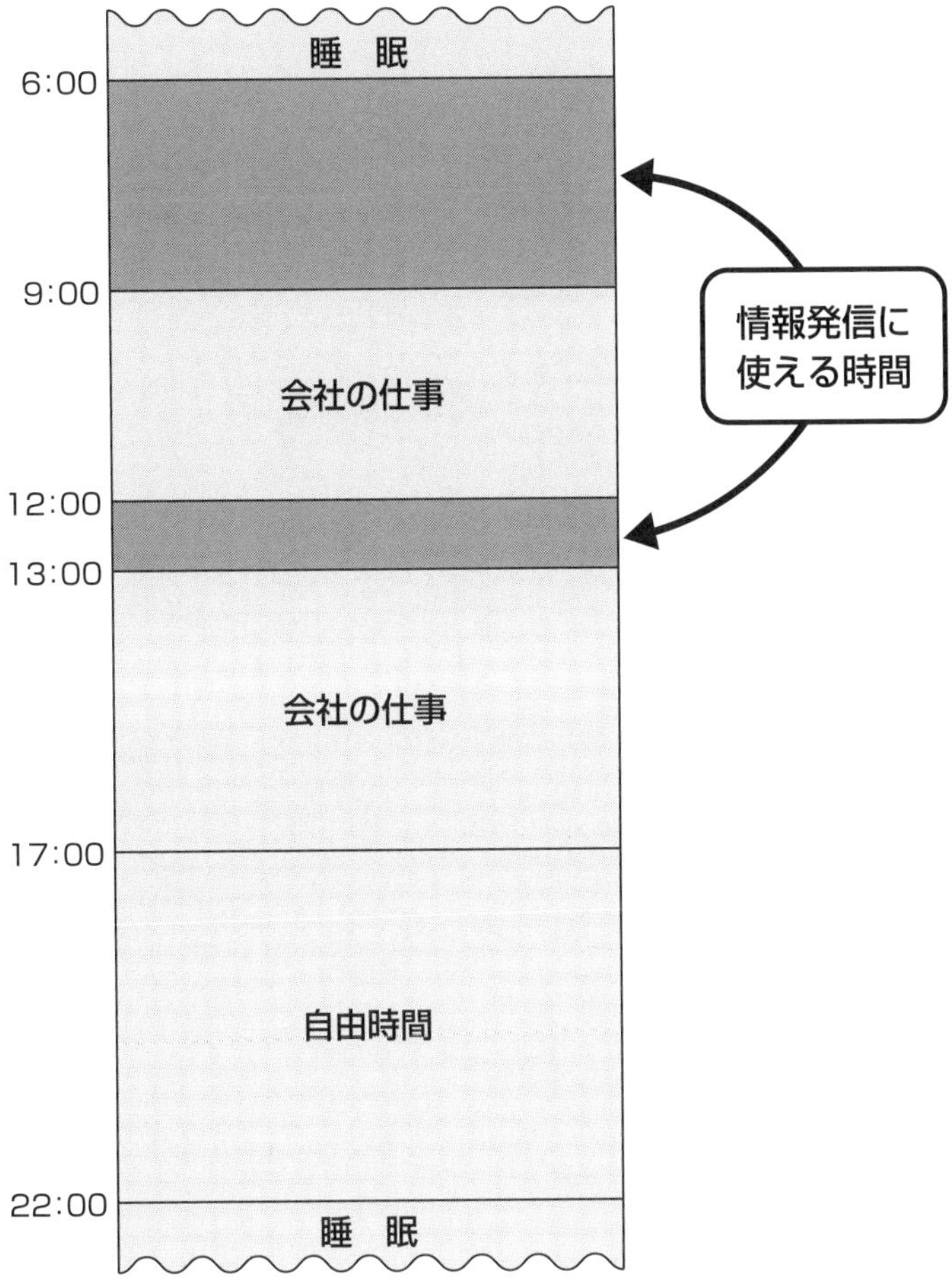

で書いてきた通り、ムリをすると続きません。これから情報発信をスタートされる方は、1日1時間も費やせたら御の字と考えましょう。くりかえしますが、大切なのは線引きです。自分にとって大切なことに使う時間はしっかり確保し、限りある時間で情報発信をするようにしましょう。

まずはとにかく200記事書いてみる

情報発信に費やす時間を決めたら、次は「具体的にどうやって情報発信をしていくか？」を考えます。キーワードは「**ハードルを下げる**」です。説明していきましょう。

一番最初にお伝えしたいのは、どんなクオリティでもいいので「とにかくコンテンツを作ることが大切！」ということです。情報発信でよく議論になるのが「記事の質」と「更新頻度」のどちらを優先するかです。たとえば週に1回、ものすごく良いクオリティのブログ記事を書くのと、そこそこのクオリティで毎日ブログを書くのと、どらがいいのかという話です。私の答えは「人による」なのですが、**これから情報発信をはじめる人は記事のクオリティよりも更新頻度を優先することをおすすめします。**

理由はいくつかあります。一つは情報発信をはじめたての時は良いクオリティ、すなわち「質の高いコンテンツ」がどんなものかわからないからです。

たとえばブログをはじめたばかりの人が20時間くらいかけて自分なりに質の高い記事を書いたとします。でもそれが読者にとって質の高い記事に仕上がっているかは、世に出してみないとわかりません。

たとえば私はYahoo!ニュースに継続的に記事を配信しています。どの記事も20時間近くかけており、いずれも自分の中では渾身の出来です。しかし、はじめの頃は今と比べればコメントなどもほとんどつかず、全くと言っていいほど反響がありませんでした。

今でこそ「こう書けば読まれる」という感覚がわかってきましたが、それは「読まれる記事」を書いたことではじめてわかったことです。10回くらいYahoo!ニュースに記事を配信し、ようやく1つの記事で大きな反響を得ました。その時はじめて「こう書けば読まれるんだ」という感覚がわかったのです。

つまり、**質の高い記事=読まれる記事を書くには、読まれる記事の書き方を探り当てなければいけない**ということです。ここで私が「探り当てる」と表現したのは、トライ&エラーが必要というニュアンスをお伝えしたかったからです。これから情報発信をはじめる人は、まずは200回トライすることを目指してほしいと思います。少なくとも私はブログを200記事書いたあたりから読まれるようになりました。

当たりを引けるかどうかは運も影響します。センスがある人は私より早い段階で当たりを引くことができるかもしれません。200記事作っても当たりを引けない人もいるでしょう。それでも当たりを引くまでやり続ける。これしかないのです。だからこそ、ムリなく楽しく続ける仕組み・やり方が大切なのです。

私がしつこく「楽しく続けられる仕組みが大切」と力説してきた理由がようやくわかってもらえたのではないでしょうか。

3-7

「良いコンテンツ」の2つの切り口

たくさんの人に読まれたり見てもらえるコンテンツ＝良いコンテンツと、その他のコンテンツとで何が違うのでしょうか。
私は良いコンテンツとは、少なくとも次のいずれかの条件を満たすものと考えています。

①役に立つ情報がある
②おもしろい

一つずつ説明しましょう。

①役に立つ情報がある

情報発信の王道は、他人の役に立つ情報を発信することです。たとえば私の友人は定期的に自身がおいしいと感じたレストランの情報を、料理の写真とともにFacebookに投稿しています。これは私にとってとても役立つ情報です。気になるお店を見つけた時はそれをメモしておき、次回友人などと会食をする時にそこに行きます。私は彼の投稿を漏れなくチェックするようにしています。

このように、人が他人の情報発信を継続的にチェックする動機の一つは、その人にとって役立つ情報があることなのです。たとえば航空券を安く買える方法、お得なクレジットカードの情報、簡単においしい料理を作れる方法などです。やせるノウハウ、モテるノウハウ、仕事の効率がUPするノウハウ。なんでもかまいません。ジャンル・テーマはなんでもいいのです。**自分が提供できる情報の中で、他人の役に立ちそうな情報を発信する。それが多くの人に役に立てば立つほど、良いコンテンツということになります。**

② おもしろい

コンテンツの内容が純粋に楽しめる。これも良いコンテンツの条件です。たとえば私はX（旧Twitter）で深爪（@fukazume_taro）さんという方をフォローしています。私が彼女をフォローしている理由はシンプル。彼女の投稿がおもしろいからです。投稿を見ると笑えたり、視点がユニークで「へぇー。おもしろい考え方するなぁ」と感じます。本書執筆時点で彼女のフォロワーは20万人を超えています。彼女はおもしろいという切り口で良いコンテンツを継続的に発信することで、たくさんのフォロワーを獲得しているのです。

人気の漫画や小説もおもしろいから読まれるわけです。ユーチューバーのHIKAKINさんのコンテンツも、役に立つというよりはどちらかというとおもしろいという切り口のコンテンツでしょう（もちろん中には役に立つ切り口の動画もあります）。

ここでお伝えしたいのは**どんな表現方法であれ、たくさんの人におもしろいと思ってもらえれば、良いコンテンツになる**ということです。

良いコンテンツには2つの切り口がある。このことを念頭に入れていただきながら、この先の話を読み進めていただけたらと思います。コンテンツの作り方を具体的に説明していきます。

他人の視点を意識しながら自由に発信してみる

前の項で、「まずはコンテンツとして200記事作ろう」という話をしました。最初はあまり深く考えず、自分が世の中に発信したいと思うことを自由に発信してみてください。しいて言えば、発信する時に先ほど説明した「役に立つ」あるいは「おもしろい」のいずれかの切り口が反映されているか、チェックしてみてください。

たとえばおいしいレストランに行ってきて「このレストラン、おすすめだよ！」とブログに書きたいのであれば、お店や料理の写真、料理の価格、雰囲気など、読者がほしいと思う情報を盛り込みます。そうすれば役に立つ記事を作ることができます。

「おもしろい」という観点で言えば、他人にとっておもしろいと思える内容となっているかが大事です。**自分の話は自分が思ってるほど他人にとってはおもしろくない。**このことを理解しておくことが大切なのです。いわゆる「自分語り」と呼ばれる行為がありますが、これは極力やめておいたほうがいいということです。

誤解していただきたくないのですが、自分の体験を話すこと自体は問題ありません。考えなければいけないのは、その体験が他人にとっておもしろいか、なのです。

たとえば世界一周をして海外で体験した話をすれば、他人は興味をもって聞いてくれるかもしれません。ほとんどの人は世界一周という経験をすることがないからです。一方、失恋の話や会社であったつらい経験は、よっぽど壮絶な体験をしたり、珍しいケースを除けば、他人にとってはつまらないものです。友人なら興味をもって聞いてくれるかもしれません。しかし皆さんのことを全く知らない人が興味をもってくれる可能性は低いわけです。

何かを他人に伝えたい時、自分の経験談というのはたしかに大切です。説得力をもたせる効果的な情報になります。しかしうまく使えないと単なる自分語りに陥り、人からするとつまらないコンテンツになってしまうわけです。

自分語りは一つの例ですが、このように他人から見て自分のコンテンツはおもしろいのか、興味をもってもらえる内容になっているのか、冷静になって考えることが大切です。そうしないと、「一生懸命コンテンツを作ってるのに、全然他人に興味をもってもらえない」という事態になります。自分では良いコンテンツを作っているつもりなのに全然反響がない。そう感じるなら、他人から見ておもしろいコンテンツになっているか、今一度考えてみたほうがいいでしょう。

最初に与えるインパクトを大切にする

コンテンツを見てもらうために私が強く意識していることがあります。それは、**コンテンツが与える最初のインパクト**です。たとえば本なら表紙とタイトル。記事やYouTube動画ならタイトルとサムネイル（最初に目にする画像）です。これは、セミナーの告知を作成する時も意識すべきことです。

最初に与えるインパクトの大切さは、コンテンツを見る側の立場を想像すれば簡単にわかります。たとえば私はYouTubeを見る時、まずサムネイルとタイトルを見ます。そこで興味が湧く動画だけをクリックしています。動画をしばらく見て興味がそそられなければ次の動画を探します。おそらく皆さんも同じではないでしょうか。

たとえば私が先日見た海外のYouTube動画のサムネイルには英語で「8時間寝なくていい！」と書いていました。タイトルは「ハーバード教授：運動、睡眠、走ること、癌と砂糖に対する7つの嘘」というものでした。私は睡眠時間は8時間がベストだと信じているので、サムネを見て「えぇ！」と思いました。続いてタイトルを見て「これはおもしろそう」と思ってクリックしました。運動や健康は私が興味をもっているテーマだからです。

コンテンツを作る時は最初に与えるインパクトを意識して作りましょう。あまりに過剰な表現であおるものは、当然良くありません。しかし、いかにインパクトを出すかは、コンテンツを見てもらうためには必要なスキルです。これも練習あるのみ。意識してコンテンツを投稿してみてください。

3-8 バズるコンテンツの方程式

たくさんの人に見られるコンテンツを作るためのとっておきの秘訣があります。それは**「需要ファースト」で情報発信**をすることです。どういうことか。説明しましょう。

「需要ファーストで情報発信する」とは?

たとえば私が書いたYahoo!ニュースの記事で「『目標未達で有給取るの?』と上司から嫌味を言われたらどう返すのが正解か」というものがあります。この記事を書いたきっかけはYahoo!ニュースで話題になっていた別の記事でした。若手社員が営業目標未達の状況で有給休暇を申請したところ、上司から「へぇ……目標未達なのに、有給取るんだ」と発言されたというものでした。

話題になるということは、単純にそれだけ世の中の人が関心をもっているテーマということです。であれば、そのテーマについて記事を書けば、読まれる可能性は高くなります。

実際に私が書いた記事もコメントが150近くつき、たくさんの人に読まれました。

この話でお伝えしたいのは、**すでに話題になっているテーマで情報発信をすれば、それだけ読まれる可能性が高くなる**ということです。どんなに素晴らしいことを書いていても、残念ながら世の中の人が興味をもってる内容・テーマでなければ見られません。コンテンツを見てもらうためには、まず興味をもってもらう必要があるのです。では興味をもってもらうためにはどうするか。その一番簡単な方法が、**すでに世の中の人が興味があるテーマ、たとえばテレビやX（旧Twitter）、Yahoo!ニュースですでに話題になっているもの——これらを題材にコンテンツを作る**ことなのです。

「書きたいこと」だけではダメな理由

こうして書くと当たり前のことなのですが、昔の私はこれを実践していませんでした。自分が書きたいと思うことを書きたい。その欲求が強かった私は、頭ではわかっていても、需要ファーストで情報発信をしようとは思わなかったのです。その結果どうなったか。自分ではいいことを書いているのに全然読まれない——そう感じて苦しむことになりました。

ただし、需要だけを考えて記事を書くという意味ではありません。たとえばＡＩが今話題になっているからといって、AIについて全然くわしくないのに記事を書くのは困難でしょう。こうした情報発信の仕方をしていたら、長く続けられません。

何度も言うように、情報発信は継続することを一番に考えるべきです。そのためには自分が楽しく取り組めることを意識することが大切です。ここで書いたように、需要ファーストでコンテンツを作る姿勢は大切です。しかし同時に、自分が書きたいことを書いてもいいのです。

では、どうすれば社会の需要と自分が伝えたいことを両立できるのか。先ほどの目標未達の記事を例に説明しましょう。

「需要」と「伝えたいこと」を両立して発信する方法

別の方が書いた目標未達の記事を読んだ時、私が最初に感じたのは「そもそも上司にこんなことを言われてる時点でダメなんじゃないか？」でした。簡単に言うと、部下自身がこまめに上司に報告をしていて、指示されたことを適切にこなしていれば、たとえ目標未達でも上司から何も言われないはず。そう思ったわけです。私はこのことを伝えたいと思いました。そうして記事を書くことにしたのです。

ここでのポイントは、**書くテーマは需要ファーストが起点にはなっているものの、同時**

に自分が伝えたいことも書いているということです。需要ファーストと、伝えたいことを書く。この2つが両立しているのがわかると思います。

需要ファーストだけだと、先ほど書いたように楽しく書けません。両立することで楽しく書くことができるのです。需要を起点に自分が伝えたいことをコンテンツにする。これがたくさんの人に見られるコンテンツを作るベストな戦略だと私は考えています。

コンテンツを作る4つのステップ

私がコンテンツを作る際の手順・プロセスは次の通りです。参考までにご紹介しておきます。

ステップ1　話題になっているテーマを探す
ステップ2　その中で自分がくわしい、または興味があるテーマを選ぶ
ステップ3　その話について「専門家として言えることがないか」を考える
ステップ4　「おもしろく、うまく伝えることができるか」を考える

重複する話はさらっと触れるにとどめながら、一つずつ説明します。

■ステップ1　話題になっているテーマを探す

Yahoo!ニュースやFacebook、Xをはじめとしたｓｎｓをチェックして、今が旬の話題になっているテーマがないか、常にアンテナを張っておきましょう。「需要ファースト」の「需要」を見つける。これが最初のステップです。

■ステップ2　その中で自分がくわしい、または興味があるテーマを選ぶ

話題になっているテーマの中で、「この話は自分の得意分野」「興味をもっているテーマだな」というものがあれば、それに着目します。これが記事のネタになります。

■ステップ3　その話について「専門家として言えることがないか」を考える

ネタが決まったら、次はたとえばテレビのワイドショーでそのことについて「専門家としてどうですか？」と話を振られたらどう答えるか、考えてみてください。

この手法は私が執筆指導を受けている中嶋よしふみさんから教わったものなのですが、とても効果的です。先ほど紹介した目標未達の記事の際もこの手法を活用しました。記事について私がコメントを求められたら「そもそも上司にこんなことを言われないようにすべきですよね」と答える。そう思いました。私はこの考えを切り口にして、記事を書いたわけです。

この問いの素晴らしいところは、**自分にとっては当たり前でも、他人にとってはそうではない考えを自然と引き出せる**ことです。

■ステップ4 「おもしろく、うまく伝えることができるか」を考える

最後に考えなければいけないのは「おもしろく伝えられるか」です。たとえばおもしろいストーリーやエピソードを紹介できるか。他人が納得できるようにロジカルに説明できるか。こうした点を検討します。

ここで紹介した4つのステップを、情報発信の際にはぜひ活用してみてください。はじめからうまくいくとは限りません。しかし、練習を重ねていけばコツをつかめるでしょう。そうすればたくさんの人に見てもらえるコンテンツを簡単に作れるようになるはずです。

3-9 情報発信に関するQ&A

Q1 情報発信する時、実名とペンネームのどちらがいいのでしょうか？

私の考えは「可能なら実名にしましょう」です。昔は出版や大学で講演することを考えると、実名のほうが望ましかったでしょう。しかし今はペンネームで出版・講演している人も出はじめています（多くはないかもしれませんが）。ペンネームで活動するデメリットも少なくなってきている。そう言えるでしょう。

ペンネームだと匿名性があって自由に情報発信できるメリットもあります。特に情報発信をはじめるタイミングでは、実名を公開することに抵抗を感じる人もいるでしょう。私もまさにそうで、最初は「いつでもスタオバ（startover の略）」というペンネームで活動していました。

ペンネームで活動すると、自分の同僚や友人に発信していることがバレない。だからこそ気軽に発信することができました。しかし自分の中でどこか隠しごとをしているような、後ろめたい気持ちも常にありました。私の場合はこれがイヤで、ある程度ブログが読まれるようになった段階で実名に変更しました（かなり勇気は必要でしたけど）。

実名で発信することに抵抗がない人は別として、そうでなければペンネームからスタートする。後で必要に応じて実名を公開する。このスタンスが個人的にはおすすめです。

Q2 X（旧Twitter）やYouTubeはどのように使えばいいですか？

どのサービスをどのように使うかは完全にその人次第ですが、参考までに私がどのように使っているか紹介します。

私の場合、Xは気が向いた時に好きなことをつぶやいたり、セミナーの告知、Yahoo!ニュースやブログ記事を公開したことをお知らせする場として活用しています。フォロワーをもっと増やしたいなといつも思っていますが、本腰を入れてやれていないというのが正直なところです。理由は単純で、優先順位の問題です。本気でフォロワーを増やそうとすれば、一つのツイートを作るのにたとえば１日30分など、それなりに時間をかけないといけなくなるでしょう。

ポストは１４０文字と文字数が少ないので簡単に見えますが、実は言いたいことを簡潔に伝えるのはとてもむずかしいのです。私が知っているインフルエンサーも一つのポストにかなりの時間をかけて作成しています。そう考えると、今の私はXにそこまで時間をかけられません。こうした理由から、気ままにお知らせなどをポストする。そのくらいの使い方しかできていないというのが正直なところです。

YouTubeは最近本腰を入れてスタートしました。見てもらうとわかりますが、最近は気になった本の著者をはじめとした方々にインタビューをして、その様子をアップしています。気軽に楽しくをモットーにして、月1回くらいの更新を目標にやっています。

月1更新と気軽にやっている理由も、先ほど説明した通り優先順位の問題です。がんばればもっと更新頻度も上げられるでしょう。でもそうすると楽しくなくなってしまう。なので細く長く続けることをモットーに取り組んでいます。

すべてのサービスに全力投球すると、大半の人は長続きしないでしょう。また、一つもうまくいかないというリスクも出てきます。本章でも書きましたが、**まずは一つのサービスに注力し、結果を出すことを意識しましょう。余裕がある範囲で他のサービスを使う。このスタンスが個人的におすすめです。**

第4章

講師をはじめてみよう

4-1 とにかく最初の一歩を踏み出す

前章ではセミナーの集客をするために必要な情報発信について書きました。本章ではセミナーをはじめる、一歩踏み出すためのノウハウを説明していきます。早速、解説をしていきましょう。

一回セミナーをやってみる

セミナー講師になるために一番大切なのは、実は最初の一歩を踏み出すことです。とにかく一回セミナーを開いてみる。これにつきます。当たり前のことをなぜ私が強調するのか。それは私のまわりを見ていても、セミナーを開催することを躊躇《ちゅうちょ》して最初の一歩を踏み出せない。そんな人があまりにも多いからです。本を出している著者とかでもそうなのです。

彼・彼女らに「セミナーをやったりしないのですか？」と聞くと「いつかは開きたい」

と言うのです。「やればいいじゃないですか」と私は率直に言ってしまうのですが（笑）、たいていの場合「まだ自信がない」という趣旨の反応が返ってきます。

セミナー講師をやる資格が自分にあるのだろうか。そう自問自答してしまうのでしょう。昔の私もそうだったからその気持ちはよくわかります。

ここでのポイントは、**本を出す著者のような人でもセミナーを開くことに抵抗を感じる**ということです。著者は、少なくとも書いている本のテーマについては専門家のはずです。彼・彼女らにセミナーを開く資格がないわけがないですよね。それでも資格がないと感じてしまう。

ここに多くの人がセミナーを開けない理由があります。皆さんがセミナーを開こうと思った時、同じように感じる確率はものすごく高いでしょう。

ではそう感じた時、どうすればいいのかというと、**勇気を出して一歩踏み出すことです。これしかありません。**

参考までに私が講師デビューしたきっかけをお話ししておきたいと思います。

ブログ仲間から勉強会をリクエストされる

私が有料のセミナーをはじめて開催したのは2016年7月だったことは第3章に書きました。タスク管理の師匠である大橋悦夫さんに誘われたことがきっかけでした。

しかし実は、セミナー講師としてデビューしたのは2015年3月24日です。この時は無料のセミナーを開催しました。きっかけはブログ仲間のみっちゃんから「タスク管理の勉強会を開催してほしい」と依頼されたことでした。

「え、そんな需要あるんだ」というのが私の最初の反応でした。言うまでもありませんが、当時の私は自分にそんな資格があると思っていません。はじめは社交辞令だと思ってスルーしていました（笑）。しかしその後も会うたびに依頼されます。この人は本気なんだ。そう感じた私は重い腰を上げることを決意します。

「やります」と私が伝えると、みっちゃんは会場を手配してくれ、さらに友人を誘ってくれました。その他のブログ仲間も来てくれ、私のデビュー戦の参加者は7人となりました。その中には私のブログを熱心に読んでくれている人もいました。「スタオバさん（私のペンネーム）に今日は会いにきました」と言われた時は嬉しかったです。情報発信をしていて良かった。そう感じました。

当時のブログを読み返すと「自分でもできるという大きな自信を手に入れることができた」と書いています。この体験以降、私は無料の勉強会を何度か開催することになります。そうして2016年7月に初の有料のセミナーを開くことになるのです。

友人・知人を誘ってまずは勉強会を開こう

私の実体験を通して皆さんにお伝えしたいのは、**最初は仲の良い友人を誘ってセミナー・勉強会を開催してみよう**ということです。

正直、私のように、誰かが声をかけてくれるのを待っているのはもったいないです。目的ははじめの一歩を踏み出すこと。その場合、大切なのは「自分にもできる」と少しでも感じることなのです。そう感じることさえできれば、次の一歩に進むことができるからです。

勇気を出して、知人・友人に声をかけてみてください。こういう時に大切なのは、最初の一人をまずは獲得することです。

「実は自分はこんなテーマをけっこう勉強していて、今度勉強会を開いてみようと思うんだ。よかったら参加してみない？」と知人や友人に声をかけてみましょう。そうして一人でも参加者が決まると、後がラクになります。私の場合、デビュー戦の受講者は7名でしたが、はじめは5名前後がちょうどいいと思います。このくらいの人数を目安に声をかけてみましょう。

参加者が決まったら、あとは日程調整と会場の確保です。会場についてですが、もし会社の同僚に対してやるなら、許可を得たうえで会社の会議室を使ってみてもいいでしょう。どこか別の会議室を取る場合でも、知人・友人数人に対して行うなら、大きな会場を確保する必要はありません。そんなに費用もかからないはずです。知人・友人との関係にもよりますが、会場代は全員で折半すれば出費も一人あたり数百円で済むでしょう。私の場合もデビュー戦は受講者で割り勘してもらいました。

デビュー戦の目的はとにかく講師を体験する。これに尽きます。会場はどこでもいいし、費用をかける必要もありません。とにかくはじめの一歩を踏み出す。自分には資格がないという心理的ハードルをどうやって乗り越えるか、これが鍵です。気軽に話せるメンバーを集めてでも、まずは一度開催してみてください。

最初の1回の壁さえ乗り越えてしまえば、次からはびっくりするくらい抵抗なく開催できるようになります。勇気を出して1回目の壁を越えましょう。健闘を祈っています。

4-2 初セミナーを開催するまでの流れ

私が1回目のセミナーを開催した経緯は先ほど書いた通りですが、デビューにあたりどんな準備をしたらいいのか。どんなことを心がけたらいいのか。不安に感じる人もいるでしょう。

くわしいノウハウは次章以降に書きますが、ここでも簡単に流れを書いておきたいと思います。セミナーを開催する時の流れ・作業は主に次の通りです。

① セミナーの企画を考える
② 開催場所と方法を決める
③ 人を集める
④ セミナーの構成を考える

一つずつ説明しましょう。

① セミナーの企画を考える

セミナーを開こうと思った時に一番最初に考えるのが「どんなセミナーをやるか」です。これが「企画を考える」ことです。

この時点では、どんなことを話すか、ざっくりと考える程度でOKです。私がはじめてセミナーを開こうと思った時は、タスク管理の入門講座を開こう――そんな漠然としたアイデアで開催を決めました。

実際にどんな話をするのか、詳細や構成は④で考えるようにします。そうしないと準備ばかりに時間をかけてしまい、いつまでたってもセミナーを開催できないリスクがあるからです。

企画を考えることは集客に直結するとても大切なことですが、デビュー時はあまり深く考える必要はありません。なぜならこれまで書いてきたように、デビュー時は知人・友人がお客さんだからです。企画が特段秀逸でなくても、数人集めることはそんなにむずかしくないでしょう。

② 開催場所と方法を決める

次はセミナーの開催場所と開催方法を決めます。たとえばＺｏｏｍで開催するなら、開催場所を決める必要はありませんよね。一方、対面でセミナーを開催するのであれば会議室やセミナー会場を確保する必要があります。

デビューの時、対面とオンラインのどちらで開催したらいいか。そう聞かれたら、私は対面をおすすめします。オンラインはやはり対面と比べると相手の反応もわかりづらいですし、受講生とのやりとりも対面と比べると少し不自由があります。

会場についてですが、デビューの時は受講者は５人前後が望ましいと書きました。そうすると、大きい会場を借りる必要はありません。数人入れば十分な大きさの手頃な会場を借りましょう。

インターネットでたとえば「渋谷　会議室」などと検索すれば候補は出てきます。その中から値段と会場の大きさを比べて選ぶようにしましょう。

③ 人を集める

ここは先ほど書いた通りです。まずは知人・友人に声をかけるところからはじめましょう。人数は5人前後を目安に声をかけるとセミナーの運営もやりやすいと思います。なお、知人・友人以外の人を集客する時にどうしたらいいかは、後ほど別途説明します。

④ セミナーの構成を考える

最後に、セミナーで何をどんな順番で話すか、検討します。パワーポイントなどでスライドを作る場合は、その作業もこのタイミングで行います。この作業のくわしいやり方は次章以降に書きますので、ここでは割愛しますね。

以上がセミナーデビューする時のざっくりとした流れとなります。

4-3 次の一歩を踏み出す心構え

デビューを終えたら、次に考えるのはその先どうやってセミナー講師としてのキャリアを築いていくかです。ここでは、私が1回目の勉強会を終えて、次の一歩を踏み出すまでの体験をご紹介しましょう。

2015年3月にデビューこそしたものの、その後私がどんどんセミナーを開催するようになったかというと、実はそんなことはありません。私が次のセミナーを開催したのは2016年4月。セミナー講師デビューを果たしたものの、私は次の一歩をどう踏み出したらいいのか、1年以上わからずにいたのです。

理由はいくつかありました。一つは会社の規定で有料のセミナーが開催できなかったことです。当時、まだ今のように会社に副業のことをオープンにしていなかったので、報酬をもらってセミナーを開催することができませんでした。別に無料でやればいいんですけどね（笑）。今思えばですが、そうしてやらない言い訳を作っていました。

もう一つは子供たちが小さかったこともあり、「活動の時間が十分取れない」と思い込んでいたことです。会社員の自分が参加していたセミナーはいずれも週末開催だったこともあり、セミナーは週末に開催するもの。そう思い込んでいました。そうなると、土日に小さい子供たちと妻を放ってセミナーはできないと考えていたのです。

また、セミナーをやるとしたら、毎月開催の継続型勉強会のようなスタイルでやりたいとも考えるようになっていました。当時私が憧れていたセミナー講師がそうした形式の勉強会を開催していたからです。しかし毎月継続的にセミナーなんて開催できるのだろうか？やりたい気持ちはあったものの、こうした気持ちから私は一歩踏み出せずにいたのです。

できない言い訳は「やりたいサイン」

2回目のセミナーのきっかけは2016年2月。中谷彰宏さんの『人は誰でも講師になれる』（日経BPマーケティング）を読んだことです。同書には次のような言葉が書かれていました。

「準備してからでは間に合いません。すぐ始めることです。『早速準備を始めます』と言っても、何を準備すればいいかわからなくて、やみくもに時間が流れます。『準備することは何か』を調べてまわるムダな時間が生まれます」

この言葉で私は自分が言い訳をしていたことに気がつきました。この後、本気でセミナー講師をはじめよう。そう決意します。

そうして2016年4月に、自分のブログのファンの方やもともと面識があった方を対象に、タスク管理の勉強会を毎月開くことにしたのです。週末ではなく、平日の夜に会議室を借りて開催しました。

その後、7月頃と記憶していますが。例のブログ仲間のみっちゃんに協力してもらい、もう一つ勉強会をスタートします。こちらも同じく平日夜開催。こうして私は月に2回、勉強会を開催するようになったのです。

この話を通して私がお伝えしたいこと。それは「言い訳せず、とにかく2回目もやってしまおう」ということです。

1回目のセミナーの体験を通じて、自分が本当にセミナーを「やりたい」と感じている。このことを自覚できれば、本気でやる気になるはずです。そう思えれば、あとはやり方を知るだけで行動できるようになります。

4-4

できるだけ早く有料のセミナーで経験を積む

では具体的にどうやってセミナー講師としてのキャリアを築いていくのか。その戦略をここから説明していきましょう。

ここまで書いてきたように。私の場合は無料のセミナーで経験を積み、その後有料のセミナーを開催しました。一方で実は皆さんにおすすめしたいのは、**なるべく早く有料のセミナーを開催してしまう**ことです。理由はいくつかあります。

一つは、**有料でも無料でも講師のやることは変わらない**からです。集客をして、会場を押さえて話をする。この流れは変わりません。セミナーで話す内容も、無料でやるからといって手を抜いたりはしません。

少なくとも私は有料の時でも無料の時でも、準備にかける時間や話す内容に差は設けませんでした。差があるとしたら、自分の気持ちの問題です。

無料でやる場合「最悪失敗してもいい」という安心感はあります。無料でやってるので、何かで失敗しても許してもらえるだろう。そんな気持ちです。有料と無料の違いはそれくらいです。「それなら有料で開催して報酬をもらえたほうがよくないですか？」というのが私の考えです。

有料セミナーの開催が自信につながる

お客さんからお金をもらうわけだし、自信がついてから有料のセミナーをやりたい――そんな気持ちはよくわかります。しかし、あくまで私の場合はですが、自信がついたのは一人で有料のセミナーを開催するようになってからです。

実際に有料のセミナーを開催してみて「問題なく開催することができた」「お客さんに満足してもらえた」と感じられてはじめて、自信はつくもの。私はそう考えています。

無料のセミナーでどんなに練習を重ねても「これなら有料のセミナーでもできそうだ」と思える日は来ません。なぜなら講師として有料のセミナーを経験しない限り、自分のレベルが有料のレベルに達しているかどうか、判断しようがないからです。

つまり、どんなに練習を重ねても、結局どこかのタイミングで勇気を出して有料のセミナーを開く決断をしなければならないのです。

どうせ決断しなければならないなら、早いほうがいい。少なくとも私は自分の経験をふりかえり、もっと早く有料のセミナーに踏み出してもよかった。そう思えるのです。なぜなら、**有料のセミナーを開催するほうが無料のセミナーを開催するより単純に得られる経験値が高く、そのうえ楽しい**からです。

有料と無料のセミナーの一番の違い。それは受講生の姿勢です。やはり**有料のセミナーに来るお客さんは、本気度が違います。**

たとえばタスク管理のセミナーの場合、本気で「働く時間をなんとかして減らしたい！」という人たちが集まります。そうするとこちらも「どうにかしてマスターしてもらおう」と集中力が高まります。真剣に自分の話を聞いてもらえるので、講師としてとても楽しいです。受講生も本気なので、教えたことを即実行してくれたりします。だから成果も出やすいのです。

セミナーのたびに「アドバイス通りやったらうまくいきました！」と言われると、とても嬉しくなります。さらに報酬としてお金ももらえるわけですから最高です。無料のセミナーの場合は残念ながらここまでの喜びを味わうことはできません。

自分より「一歩先を進んでる人」とコラボしよう

このように、なるべく早いタイミングで有料のセミナーを開催することを心がけてほしいのですが、そうは言っても……と思う人も多いでしょう。そんな人におすすめなのが、**すでにセミナーを開いている人とコラボしてセミナーを開く**ことです。

私自身の有料セミナーデビューはタスク管理の師匠である大橋悦夫さんと開催したものでしたが、今思えばこの体験ができたことは非常にラッキーでした。大橋さんはセミナーの達人で、私は一緒にセミナーを開催する中でたくさんのことを教えてもらうことができました。たとえば事前にセミナー当日話をする内容を相談し、スライドも見てもらいました。そこで「話す内容が多すぎる」など、貴重なフィードバックをもらうことができたのです。

たとえコラボだとしても、有料のセミナーで一度でも話をすれば「これくらいのクオリティで有料のセミナーを開けるんだ」という感覚がわかります。この感覚があると、一人で有料のセミナーを開く時も「このくらいのクオリティなら大丈夫なはずだ」と思えます。この感覚があるのとないのとでは、いざ有料のセミナーに一歩踏み出す時の決断のしやすさが大きく変わってきます。

コラボセミナーは自分から声をかけるのがベター

ではどうすればコラボセミナーを開けるのか。私の場合はたまたま大橋さんから声をかけてもらいましたが、「自分から声をかけてみましょう」というのが答えになります。

そんなの恐れ多い。そう思うかもしれません。でも必ずしも、自分の中のカリスマに声をかける必要はないのです。自分より一歩先を進んでると思える人に声をかけましょう。

たとえば私のようにインフルエンサーではないものの、定期的にセミナーを開催している人はたくさんいます。そうした人たちのセミナーに参加したりして、ある程度仲良くなる。そのタイミングで声をかけてみるといいでしょう。

たとえば私なら、ある程度日頃から情報発信をしている人から「セミナーを一緒にやっていただけませんか」と声をかけられたら、ＯＫする可能性は十分あります。

もちろんその人次第ではありますが、セミナー講師をやっている人は基本的に人を教えることに喜びを感じる人たちです。だから素直に「一緒にやることで勉強させてください」とお願いされれば、快く引き受けてくれる可能性は高いと言えるでしょう。少なくとも私はそう考えています。

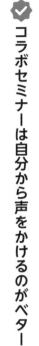

4-5 セミナー集客は企画がすべて

さて、ここまで有料のセミナーを開催するための心構えとすべきことを書いてきました。ここからは具体的にどうやって有料のセミナーを開催していくか、運営ノウハウを書いていきます。

有料でも無料でも、セミナーの運営自体は基本的に変わりません。セミナーの企画を考え、告知をする。話の構成を考えたりするなどの準備をして、当日話をする。流れは同じです。では何が違うのでしょうか。

有料のセミナーの場合、集客するためにより知恵を絞らないといけません。なぜなら、言うまでもなく無料より有料のほうが集客がむずかしいからです。なぜ知恵を絞ることが大切なのか。それは**集客で一番大切なのがセミナーの「企画」**だからです。どういうことか。説明していきましょう。

講師の実績は実はそれほど重要ではない

長年セミナー講師をやってきて感じるのは、**セミナーの集客は企画で決まる**ということです。おそらくほとんどの人はそうではなく、「自分がすごい人になったら人が集まる」――つまり、集客のために一番大切なのは講師の実績、そう考えているのではないでしょうか。

たしかに実績があったほうが人が集まりやすい。これは事実です。しかし実績さえあれば人が集まるわけではありません。その理由を説明していきましょう。

まず、すごい人・実績がある人というのは世の中にごまんといます。しかも今は無料のものも含めて、セミナーが溢れるほど世の中で開催されています。競争が激しいのです。こうした環境の中、たとえ皆さんが著者として本を出していても、その実績だけで人が集まることはありません。

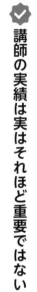

私はこのことを自身の体験から確信しています。自分よりもはるかに実績がある人やベストセラー作家とコラボセミナーを開催したことが何度もあります。それでも集客できたのはたったの2人というケースも決して珍しくないのです。

一方で私のように、実績がそれほどでもなくても集客に困らない――そんな講師も世の中にはたくさんいます。講師の実績＝集客力ではない。まずこのことを理解することが大切です。

では何が集客に差をもたらすのかというと、企画の差です。第3章で、たくさんの人に見られるコンテンツを作るためにはおもしろいと感じてもらえることが必要で、そのためには切り口が大切――そんな話をしました。同様に、**セミナーもおもしろそうと感じてもらえる企画の切り口を考える必要があります。**

競争相手がいなければ集客は簡単になる

たとえば私の場合、セミナー講師をはじめたばかりの頃は「残業ゼロの会社員」という肩書きで活動していました。ラッキーなことに、当時はまだ働き方改革が浸透する前で、長時間労働が珍しくない時期でした。今ではそう珍しくないかもしれませんが、当時は残業ゼロを実践している会社員というのはかなり少なかったと思います。そのうえ、タスク管理や仕事術を教えている人物となればさらに少ない状況でした。

「残業ゼロを実践する会社員が教えるタスク管理」――これが私のセミナーの切り口・企画だったわけですが、当時この企画でセミナーを開催している人は私が知る限り存在しませんでした。その結果、私の有料セミナーデビューはありがたいことに満席となりました。その後も少人数制のセミナーを開催していきましたが、集客に困ることはありませんでした。

後でくわしく書きますが、私のデビューがうまくいったのは企画以外にもさまざまな要素があったのは間違いありません。ただ、他のセミナーにはない切り口・企画でセミナーを開催することの大切さは、わかっていただけるのではないでしょうか。

当時、タスク管理のセミナー自体は珍しくありませんでした。私の師匠である大橋悦夫さんをはじめ、フリーランスの方で教えている人は何人かいたわけです。しかし残業ゼロを実践している現役会社員でタスク管理を教えている人となると、おそらく私だけだったと思います。当時の私は競争相手がいなかった。だから集客に困らなかったのです。

この**「競争相手がいない」というのが集客の一番の秘訣**なんですね。なのでセミナーの企画を考える時は、皆さんのセミナーが他のセミナーとどう違うのか。この点を深掘りして表現することが大切です。そのために次の質問を自分にしてみてください。

- **皆さんの（他の講師と異なる）ユニークな点はどこですか？**
- **他のセミナーでやってないこと・テーマで教えられることはありますか？**

これらの質問に対する答えに着目して企画を考える。これが集客ができるセミナーを作るはじめの一歩です。

自分のテーマと今旬なテーマをかけあわせる

もう一つ、企画について大切なことがあります。それは**今旬なテーマを選ぶ**ことです。その例を使って説明しましょう。以前ある人と一緒にコラボセミナーを開催しました。その方の実績も十分でしたが、残念ながら集客できた人数は2人でした。その後、その方がChatGPTの活用法をテーマにセミナーを単独で開きました。そうしたところ、10名以上参加者を獲得していたのです。このように、旬なテーマ・今多くの人が関心のあるテーマを切り口にセミナーを開催すると、集客がしやすいのです。

この前後2つのセミナーで言えば、講師の実績は私が加わっていること以外、何も変わっていません。にもかかわらず、集客できた人数に大きな差が生まれたのはなぜか。企画の差以外に考えられないわけです。本書執筆時点でもそうですが、ChatGPTの活用法については多くの人が興味がある。だから集客できた。とてもシンプルですよね。

このように、**「世の中の人が今関心をもっていること、流行っていることをテーマに自**

分が何か教えられることがないか考えてみる」のが大切です。これができればより簡単に集客ができるようになります。

たとえば私の場合、ChatGPTを使ったタスク管理法というテーマでセミナーを開催すればかなり簡単に集客ができるでしょう。これは1つの例ですが、**自分のもってるテーマと今旬なテーマをかけあわせることができれば二重丸なわけです。**

今旬なテーマで自分が他人よりも一歩進んでいるものは何か?

この時のポイントは、**自分が他人よりも「一歩」先に進んでいればいい**ということです。私の場合、ChatGPTにめちゃめちゃくわしいわけではありません。他の人より一歩進んでいるくらいです。それでも、ChatGPTを全く使ったことがない人に教えることはできるわけです。むしろ、一歩進んでいるくらいのほうが全く使ったことがない人の気持ちがわかる。だからこそ、めちゃめちゃくわしい人よりうまく教えられるかもしれません。

逆に言うと、今旬なテーマに皆さんが興味をもっている場合。自ら学んで、人より一歩先に進む。そのうえで人に教える。こうした手順を踏むと、今旬なテーマでセミナーを開催できるというわけですね。

ぜひこの手法を活用してセミナーの企画を作ってみてほしいと思います。

4-6 セミナーの価格はどのように決めればいいのか

セミナーの価格設定は自分なりの感覚をつかむまではけっこう悩むかもしれません。なぜなら、これは正解がない話だからです。私もはじめは悩みましたが、経験を通して、自分なりの答えを見つけました。

これから書くことは、あくまでも私自身が見つけた答えなので、必ずしも皆さんにしっくりこないかもしれません。ただし、答えに至ったプロセスや考え方をシェアすることが、皆さん自身の答えを見つける大きなヒントになるはずです。そうした視点でこの先を読み進めていただけたらと思います。

セミナーの価格は「参加者一人で経費を賄えるように」設定する

価格を設定する時に最初に私が意識していること。それは**セミナー開催にかかる経費を、一人の参加者で賄《まかな》える価格にする**ことです。

たとえば会場を借りてセミナーを開催するとします。会場を借りる費用が2時間で5000円だとします。その場合、一人あたりの参加費を5000円に設定するのです。そうすると集客のストレスが激減します。

実際にセミナーを開催してみるとわかりますが、集客は簡単ではないし、時にはプレッシャーやストレスを感じるものです。たとえば参加費を安くして一人あたり500円に設定したとしましょう。そうすると、先ほどの例ですと会場代を賄うのに10人集客しなければいけません。このご時世、セミナーで10人集めるのはかなり大変です。

10人集めないと収支がマイナスになると思うと、必死になって10人集めなければいけなくなります。こうなるとプレッシャーとストレスがかかってきます。私はこのように感じるのがイヤなのです。

一方、一人集めれば会場代が賄えて収支がマイナスにならない。そう思うと、かなり気持ちがラクになります。一人ならそんなにムリしなくても集客できる。そう思えます。

私にとってセミナーは稼げればもちろんいいのですが、自分が楽しむためにやってる面もあるので、損さえしなければ満足なのです。

なので**セミナーを開催する時は損をしないように価格設定をする。これが大原則**だと私は考えています。

自分を高く売ることの大切さ

もう一つ私が意識してることは、**自分を安く売らない**ことですね。参加費を安く設定しすぎない。むしろ高く設定することを意識しています。

理由の一つは、**参加費を安くしても集客できるとは限らない**からです。多くの人は参加費を安くしたほうが集客できる。そう考えていると思います。しかし私自身は自分の経験から、このことについては懐疑的です。私自身も参加費を安く設定したことはあります。たとえば一人あたり2000円に設定したりもしましたが、安くしたからといって集客できたかといえば、ほとんど変わらなかったというのが正直な感想です。

むしろ、**私の場合は安い時のほうが集客率が悪い**のです。もちろん、あくまで「私の場合は」ですので、人によっては安く設定したほうが集客ができるのかもしれません。これはぜひご自身で確かめてほしいことではありますが、安く設定すれば必ずしも人が集まるわけではないというのが私の実感です。

参加費が高いと集客のストレスが減る

また、参加費を高く設定するもう一つの理由は、**集客のストレスを減らす**ためです。たとえば一人３０００円のセミナーで10人集まったら売上は3万円です。もし一人あたりの受講料を1万円に設定すれば、３人で同じ金額を稼ぐことができます。つまり、**参加費を高く設定すればその分、人を集める必要がなくなる**わけです。先ほども書きましたが、集客はプレッシャーやストレスを感じるものです。このストレスを極小化することが楽しくセミナー講師を続ける秘訣だと私は考えています。だからこそ参加費を高く設定するようにしているのです。

価格を高くすると受講生の質が高くなる

実は、**価格を高く設定すると受講生の質も高くなります**。どういうことかというと、受講生の本気度が違ってくるのです。

私がセミナーを開催する時は一人あたり1万円以上いただくことが多いのですが、そうすると本当に困った人がセミナーを受けに来ます。

たとえばタスク管理のセミナーの場合、長時間労働に本気で悩んでいて「絶対になんとかしたい！」という方が受講します。参加費も安くないですから、気軽に受けに来る人はいないわけです。皆さん「変わりたい！」という強い気持ちで参加されます。私の話を真剣に聞かれますし、アドバイスをすると即実行される方が多いです。だから成果も出やすい。そうすると受講者もハッピーですし、私もハッピーになれます。さらにお金までいただけるという、ものすごく良い循環が生まれるのです。

またよく言われるのが、**価格を高く設定するとマナーの良いお客さんが来る**ということです。私の場合は幸い変なお客さんに当たった経験はありませんが、友人や知人が困っているのを目にしたことが何度かあります。たとえば申し込みをしたのに、参加費を期限までに支払わない人。当日にキャンセルをして同じく参加費を支払わないケースなどです。

私の場合は価格を高く設定していることもあり、幸いこうした目にあったことがありません。また、私のセミナー受講生は私をとても大切に扱ってくれる。そんなふうに日々感じています。

たとえば私は1年継続型のセミナー（毎月のセミナーを1年にわたり開催するもの）の受講生に対しては、いつでも質問し放題というサービスを提供しています。何か質問があれば、メール等でいつでも私に質問していいよというサービスです。

こうしたサービスを提供すると、ガンガン質問が飛んでくる。そう思うかもしれません。しかし実際には、質問を受けることはそれほど多くはありません。おそらく私のことを配慮してくださっていて、質問があっても急ぎでない限り次回のセミナーで聞こうなどと、心がけてくださってるのだと思います。

4-7 高いかどうか決めるのはあくまで受講生

前項を読んでいただいて、「価格は高く設定したほうがいい」ということはわかっていただけたかと思います。

しかし、いざセミナーを開催しようと思った時、価格を高く設定しようとすると「こんな価格で開催してもいいのだろうか」「自分にこんな価格を設定する資格はあるのだろうか」などと悩む人も出てくると思います。これは自然なことです。もしそう感じたとしても、気にする必要はありません。勇気を出して、高い価格を設定してほしいと思います。

「高い」と感じる人は、そもそもセミナーに来ない

そもそもその価格でセミナーを受けるかどうかを決めるのは「受講生」です。講師である皆さんではありませんよね。もし彼・彼女らが受講料を高いと感じれば、単純に受けにこないでしょう。それだけの話です。なので皆さんが気にする問題ではない。このことを

まず理解することが大切です。

それでも、いざその価格で受けに来てくれる人がいると、「こんなにたくさんのお金をもらって申し訳ない」と思うかもしれません（私もそう感じていた時期がありました）。しかしここでも発想の転換が必要です。**高い受講料を払うのは必ずしも受講者にとって悪いことではない**ということです。

価格が高いと受講生の満足度が高まる理由

たとえば私は昔、フォトリーディングという速読法の講座を受けたことがあります。2日間の講義で受講料は約10万円でした。

2日の講義で10万円は高額だと思います。でもこの10万円という高額な講座を受けたという体験は、私にとって良い思い出になっています。この講座を受けた自分を誇らしく思うところもあるのです。

もちろん、フォトリーディングの手法自体も、その後の読書に大きな影響を与えました。しかし、ここでお伝えしたいのは、**高い価格がその講座の価値を高めることにつながる。**そういう面もあるということです。

たとえばこのフォトリーディングの講座は、講師側の視点に立てば価格を5000円に設定しても収支はマイナスにならないでしょう。なぜなら10万円の講座とはいえ、何か特別高額なものを使って講義をするわけではないからです。

しかしこの講座が5000円だったとしたら、「特別感」は私の中でずいぶんと薄まったでしょう。この講座の価値は速読ができるようになることももちろんですが「10万円かけてフォトリーディングを身につけた」という体験自体に大きな価値があるからです。つまり、**価格を高くすることはその体験の価値を上げることにもつながる**のです。

このように、**価格を高くすることは必ずしも受講する側からすると悪いことではない**のです。むしろ価格を高く設定することで「自分はこの講座を受講したんだ」と誇らしく思えるかもしれません。価格を高く設定すると、その講座の価値は受講生の中で増すのです。

もちろん、いただく報酬に見合った価値を届けることは重要です。しかし少なくとも私の場合、価格が安くても高くても「全力でやる」という点は変わりません。低価格のセミナーだから情報を出し惜しみすることもありません。少なくとも私にとって価格の高低はセミナーの質に影響しないのです。

意識的に低価格のセミナーでは情報量を抑えて、高価格のセミナーの時だけすべての情報を提供する——そんなやり方もビジネスとしてはありかもしれません。しかし私はそうしたやり方は好きではないのです。そう考えると、どうせ有料セミナーを開くんだったら高い価格をつけてやったほうがいい。少なくとも私にとってはこうした結論になるわけです。

また、価格を高く設定することでそれに見合った価値を提供しよう。そうやって頭を使うようにもなります。より早く講師としてレベルアップすることも考えると、価格を高く設定することはとても大切なのです。

はじめはモニター価格でスタートしてみる

「そうは言ってもいきなり高価格はさすがに……」と思う人に向けて、とっておきのアドバイスがあります。

それは**デビュー当初はモニター価格ではじめてみる**ことです。私はまさにこの戦略を実践しました。私が本格的にセミナー講師をスタートした時、モニター価格と謳《うた》って、価格を5000～8000円程度に設定しました。

モニター価格と謳って集客すれば、受講生は高い講座をお得に受講できたと感じます。私自身もお客さんにお得にサービスを提供できたと感じます。お互いwin-winなのです。

さらに、期間限定のモニター価格と謳うことで価格を上げる時に抵抗がなくなるのも大きなメリットです。

実際セミナーをはじめてみればわかりますが、セミナーの価格を値上げするというのは大抵の人にとってむずかしい行為です。理由はシンプルで、どうしても本能的に「値上げしたら人が来てくれなくなる」「お客さんを幻滅させてしまう」と心理的なブロックを感じるからです。

先ほども書いた通り、価格を高く設定することは悪いことではありません。しかしそう感じてしまう人が多いのも事実です。期間限定のモニター価格と謳っておけば、こうした心理的抵抗を和らげることもできます。セミナーの価格を高くすることに抵抗がある人は、ぜひモニター価格からはじめてみてください。

4-8 イベント管理ツールを使って集客する

ここでは、セミナーの告知の話をします。告知については、さまざまなやり方がありますが、私はイベント管理ツールを使用することをおすすめします。イベント管理ツールとは、たくさんの人がセミナーやイベントを告知しているサービスです。私が主に活用しているのは次の3つです。

- Doorkeeper（https://www.doorkeeper.jp/）
- Peatix（https://peatix.com/）
- ストアカ（https://www.street-academy.com/）

こうしたツールを使うと告知も簡単に行えるうえ、受講料の集金までやってくれて、とても便利です。どれも一長一短があるので「絶対にこれがいい！」というツールはありま

「Peatix」を使った告知ページ

Peatix ピーティックス
作家・Yahoo!
ニュースで記事を書く
現役会社員が教える
iPhoneを使って
1日3分からはじめる
長時間労働から抜け出す
タスク管理塾
2023/10/25（水）20:00-21:30
第一回スタート（オンライン）！
iPhoneで1日3分からはじめるタスク管理入門講座
オンライン | By Yahoo!ニュースで記事を書く現役会社員・時短コンサルタントが教えるタスク管理塾
スキルアップ／資格
スキルアップ
投資
自己啓発
マインドセット
教育
2023/10/25 (水)
20:00 - 21:30 JST
カレンダーに追加
オンライン
チケットを申し込む
※コンビニ / ATM でのお支払いは、2023/10/24 で締め切られます。

せん。ただ、Doorkeeperは本書執筆時点で月額1650円かかります。「セミナーをこれからはじめる」という方は無料で使えるPeatixかストアカを検討するといいでしょう。ストアカは本書執筆時点では新しい講座を開く際に審査が必要だったりと、若干煩《わずら》わしい面があります（受講者はその分安心して講座を受けられるのでしょう）。Peatixはこうした面がないので、現時点で一番気軽に使えるというのが私の考えです。

管理ツールを使った告知の仕方

どのツールも使い方はおおよそ共通しています。たとえばPeatixなら、次のような手順で告知を作ります。

①セミナータイトルと開催日時を決める
②価格とチケット販売予定数（参加者の上限）を決める
③告知の画像と文章を作成する

実際にやってみるとわかりますが、簡単に告知ページが作れます。

ただし、Peatixもストアカも無料で使えますが、**売上が生じると手数料が発生する**ので注意してください。Peatixの場合、本書執筆時点で「販売実績の4・9％＋売れたチケット1枚につき99円」となっています。たとえば受講料1万円の場合、一人あたり589円の手数料が取られる計算になります。その他に振込手数料も210円取られます。この点は知っておいてくださいね。

自分のブログで告知する手も

別のやり方として、自分のブログに告知ページを作ってしまうという方法もあります。たとえば私が1年継続型のセミナーを開催する時は、次ページの図のように自分のブログに告知ページを作っています。ブログのほうが慣れていて自分としても使い勝手がいいからです。ブログを使って告知ページを作る時は、決済サービスが問題になります。要するに、受講者が申し込みをする時にクリックするボタンですね。

先ほど紹介したイベント管理ツールの場合は決済機能がついているので、自ら設定する必要はありません。しかしブログ記事の場合は自分で参加者が申し込み・参加費を支払うためのボタンを作る必要があります。私の場合はPayPal（https://www.paypal.com/jp/business）のビジネスアカウントを使って申し込みボタンを作っています。

ブログでの告知ページ

いつでも スタオバ！！！

MENU

会社員が最高のライフスタイルを手に入れる方法

iPhoneで1日3分からはじめられるタスク管理法を教えます（オンライン）。8名限定・10/25（水）20時からスタート！

2023年10月3日　セミナー案内

作家・Yahoo!ニュースで記事を書く現役会社員が教える

iPhoneを使って1日3分からはじめる

長時間労働から抜け出すタスク管理塾

2023/10/25（水）20:00-21:30
第一回スタート（オンライン）！

Yahoo!ニュースに時間管理の専門家として記事を書く**現役会社員**の滝川徹です。

「PayPal」を使って申し込みボタンを作る

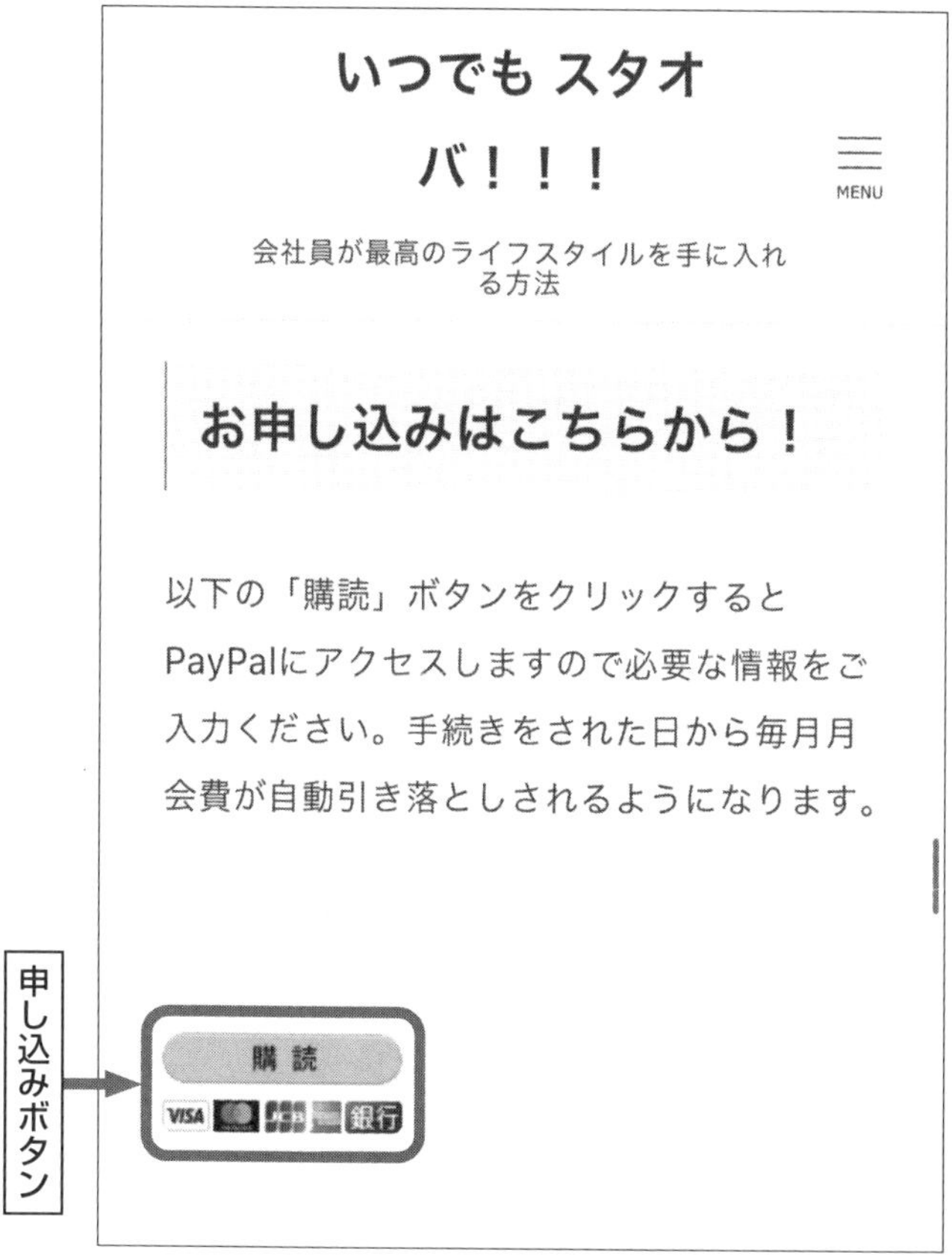

PayPalは無料で使えますが、売上が発生した時の手数料は発生します。手数料はプランによって異なるのでここでは説明は割愛しますが、たとえば私の場合、本書執筆時点で1万2000円の売上で手数料は472円です。PayPal以外にも同様のサービスは複数ありますので、興味があったら調べてみてください。

ブログとイベント管理ツールでの告知の使い分けについて

「ブログで告知する場合とPeatix等で告知をする場合の使い分けはどうするの？」と思った人もいるかもしれません。結論から言えば、皆さんの好みで決めてしまってOKです。

私は、毎月支払いが発生する1年継続型のセミナーの場合ブログで告知をし、単発のセミナーはPeatix等を使用する。そんな使い分けをしています。昔はイベント管理ツールでは定期支払いの設定ができなかったからです。

しかし最近は定期支払いを設定できるイベント管理ツールも出てきています。そうすると後は好みの問題になってくるわけです。

4-9 告知文は凝らずにシンプルでいい

ここからは、告知文の作り方について解説します。先に昔の私が告知文について勘違いしていたことをお話ししておきたいと思います。

セミナーをはじめたばかりの頃、私は「集客の鍵は告知文にある」と思い込んでいました。告知文の作り方について書かれた書籍も数多く読みました。その後自分自身でたくさん試行錯誤し、自分以外のセミナー講師の告知文を数多く見てきて思うことがあります。それは、**告知文が秀逸であれば必ずしも人が集まるわけではない**ということです。

具体的な例を挙げましょう。近年、私が他人のセミナーの集客を見て「すごいな！」と感じたものの中に、仲良くしていただいている小鳥遊（たかなし）さんという方が開催したセミナーがあります。

セミナーのタイトルは「要領がよくないと思い込んでいる人のための『仕事のすすめか

小鳥遊さんのセミナーの告知文の例

3月
20
要領がよくないと思い込んでいる人のための「仕事のすすめかた」講座

イベントは終了です (土) 20:30 | オンライン | By 要領がよくないと思い込んでいる人のための仕事術図鑑

(働き方/キャリア) (働き方) (キャリア) (生き方) (退職) (ワークライフバランス)

- **「仕事がありすぎて、ボロボロ抜け漏れ」**
- **「段取りが苦手で、進捗報告がうまくできない」**
- **「なぜか先送りをしてしまう」**
- **「必要以上に責任を感じてグッタリ」**

こんな**仕事上の悩み**をお持ちではないでしょうか？

本セミナーでは、**「要領がよくないと思い込んでいる人のための**
仕事術図鑑」の著者であり、本セミナーの講師である小鳥遊（たかなし）が、
「仕事のすすめかた」を簡単にご紹介しながら、お悩み解決のヒントをお伝えします。

抜け漏れがあるのはしょうがない。
段取りが最初から得意な人はそう多くない。
先送りはよくしてしまうもの。
ちょっとでも感じた責任はなかなか手離れしない。

ひとまず、この前提に立って、
「それでも仕事をこなせるようには？」
という視点で考えてみませんか？

自らも上記の悩みを抱えつつ、
諦めることなく仕事をこなしている小鳥遊が、
自身の経験も交えながら、
「仕事のすすめかた」の仕組みを分かりやすく解説します。

【このような方に最適です】
☑ **複数の仕事を同時進行できず後としてしまう**
☑ **段取りがつけられず、進捗把握や報告が苦手**
☑ **苦手な仕事を先延ばししてしまう**
☑ **自責傾向が強く、何でも負い目を感じてしまう**

チケット
『仕事のすすめかた講座』参加費
¥3,000 受付終了

日時
2021/03/20 (土)
20:30 - 22:00 JST
カレンダーに追加

場所
オンライン

※「https://yyn-workhacks.peatix.com/」より作成

た』講座」というものでした。オンラインでのセミナーで、受講料は３０００円。このセミナー、申し込み数はなんと60人を超えたそうです。当時、小鳥遊さんは会社員だったのですが、単純計算すると1時間半のセミナーで18万円です。すごいですよね。まさに私たちが目指すべき姿だと思います。

一方、ここで私が率直に感じたのは、告知文にものすごい工夫がされているわけではないということです。参考までにその告知文の内容を右ページに掲げました。

集客できるセミナーの方程式

まず注目すべきは告知文の文章量です。ものすごくシンプルですよね。告知文の書き方に関する本を読むとわかりますが、もっとたくさんのことを書くようにと指南するケースが大半です。

小鳥遊さんの告知文は、それと比べればとてもシンプル。このくらいの内容であれば自分にも書けるかもしれない。そう思えてこないでしょうか。ではなぜ、このセミナーが多くの人を集客できたのか。私なりに主な要因を分析すると次の通りとなります。

① 小鳥遊さんの本が売れていること

②セミナーのタイトル
③告知のはじめの文言

一つずつ見ていきましょう。

要因① 小鳥遊さんの本が売れていること

小鳥遊さんは『要領がよくないと思い込んでいる人のための仕事術図鑑』（サンクチュアリ出版）の著者です。この本は10万部を超えるベストセラーとなっています。この本を読んで小鳥遊さんのセミナーを受けよう。そう思った人も当然いるでしょう。小鳥遊さんの本の実績が集客に影響していることは間違いありません。

しかし**ベストセラーの実績が必ずしもセミナーの集客につながるわけではない。**このことは少し前に書きました。むしろこのセミナーの集客の成功は後述する②と③にあるというのが私の考えです。

要因② セミナーのタイトル

結論から言うと、私はこのセミナーのタイトルが勝因だと思っています。特に「要領がよくないと思い込んでいる人のための」という言葉です。この言葉を見て「私のことだ！」と思う人はかなり多いと思います。小鳥遊さんの本にも同じ文言が使われていますが、だからこそベストセラーになった――私はそうとも考えています。

本もセミナーも（ブログ記事もそうですが）、まずは読み手の注意を引かなければいけません。「この話は私に関係がある」。そう思ってもらわなければ情報過多のこの時代、秒でスルーされてしまいます。

仮に告知文の内容が秀逸であったとしても、セミナーへのリンクをクリックしてもらえなければ見てもらえません。その点で小鳥遊さんのタイトルは秀逸なのです。

要因③ 告知のはじめの文言

セミナータイトルで「おっ」と思ってもらえてたら、興味のある人はページをクリックします。その**ページの一番最初の書き出しもとても大切です。**

小鳥遊さんの文では「こんな悩みありませんか？」と4つ例が書き出されています。ここで読み手は「そうそう！」「私のことだ！」とさらに感じるわけです。そうすることでその先を読んでもらえます。

せっかくタイトルで「おっ」と思ってもらえても、最初の書き出しがイマイチであれば、すぐに読み手は興味を失い離脱してしまいます。読み手の関心が失われないようにここでハートをがっちりつかむことが大切なのです。そのためにも「そうそう！」「わかる！」「私のことだ」と感じてもらえる内容を一番最初に書く必要があるのです。

読み手に刺さる文言を作るには、最初は過去の自分の気持ちを想像するなどして取り組まざるを得ないでしょう。しかしセミナーを1回でも開いたら、アンケートを取ったりフィードバックをもらうことでこの文言を的確に作ることができます。

簡単に言えば、お客さんに「どんなことで悩んでますか？」と聞けばいいのです。その答えを、告知文の一番はじめに書けばバッチリということになります。

その他について挙げるとすれば、サムネイル（告知ページの最初の画像）も工夫するにこしたことはありません。タイトル同様「おっ」と関心を引けるように、インパクトを与えられる工夫をするのが望ましいです。

ただし、小鳥遊さんのサムネイルはシンプルです。あくまで可能であれば工夫する。そんなスタンスでいいと思います。このあたりにこだわりすぎると、告知することが負担になって、セミナーを続けるのがむずかしくなるからです。

4-10 セミナーの宣伝は恥ずかしがらずにガンガンやる

告知ページを作ったら、いよいよセミナーの存在を世の中に知らしめる宣伝の段階です。たとえばブログで告知ページを紹介したり、FacebookやX（旧Twitter）で告知ページをシェアします。この時大切なことは恥ずかしがらずにガンガン告知をすることです。

告知をガンガンしても誰も気にしない

いざやってみるとわかりますが、抵抗を覚える人も多いと思います。私自身もセミナーをはじめた当初はそうでした。

告知をするとなんだか押し売りしているような感覚になったり、不要な情報を他人に見せることになり迷惑じゃないか。そんなふうに感じることもありました。集客できていない時は他人から「コイツ全然人集まってないじゃん」と思われたらイヤだなぁという思いもありました。

しかしある時「誰もそんなこと気にしてない」ということに気がつきました。これは逆の立場になればわかります。たとえば皆さんの知り合いがセミナーの告知をしているとして、いちいち何人集まっているか、チェックするでしょうか？　そのセミナーのテーマに興味があれば別として、そうでなければ大抵は「あ、この人セミナーやってるんだ」で終わりです。

みんな他人のことに興味なんてないのです。だから人の目を気にする必要はありません。セミナーに興味をもってもらえそうな人に情報を届けるためにガンガン告知をすることが大切なのです。

ベストセラー作家でも告知はガンガンしている

ガンガン告知をすることの大切さを私が強く感じたのは、先ほど紹介した小鳥遊さんとセミナーを共催した時でした。

小鳥遊さんはセミナーが近づくと私がびっくりするくらい連日のように開催直前までX（旧Twitter）で告知をされていました。ベストセラー作家でもガンガン告知をするのですから、そうでない人も当然やるべきなのです。

セミナー告知のタイミングの例

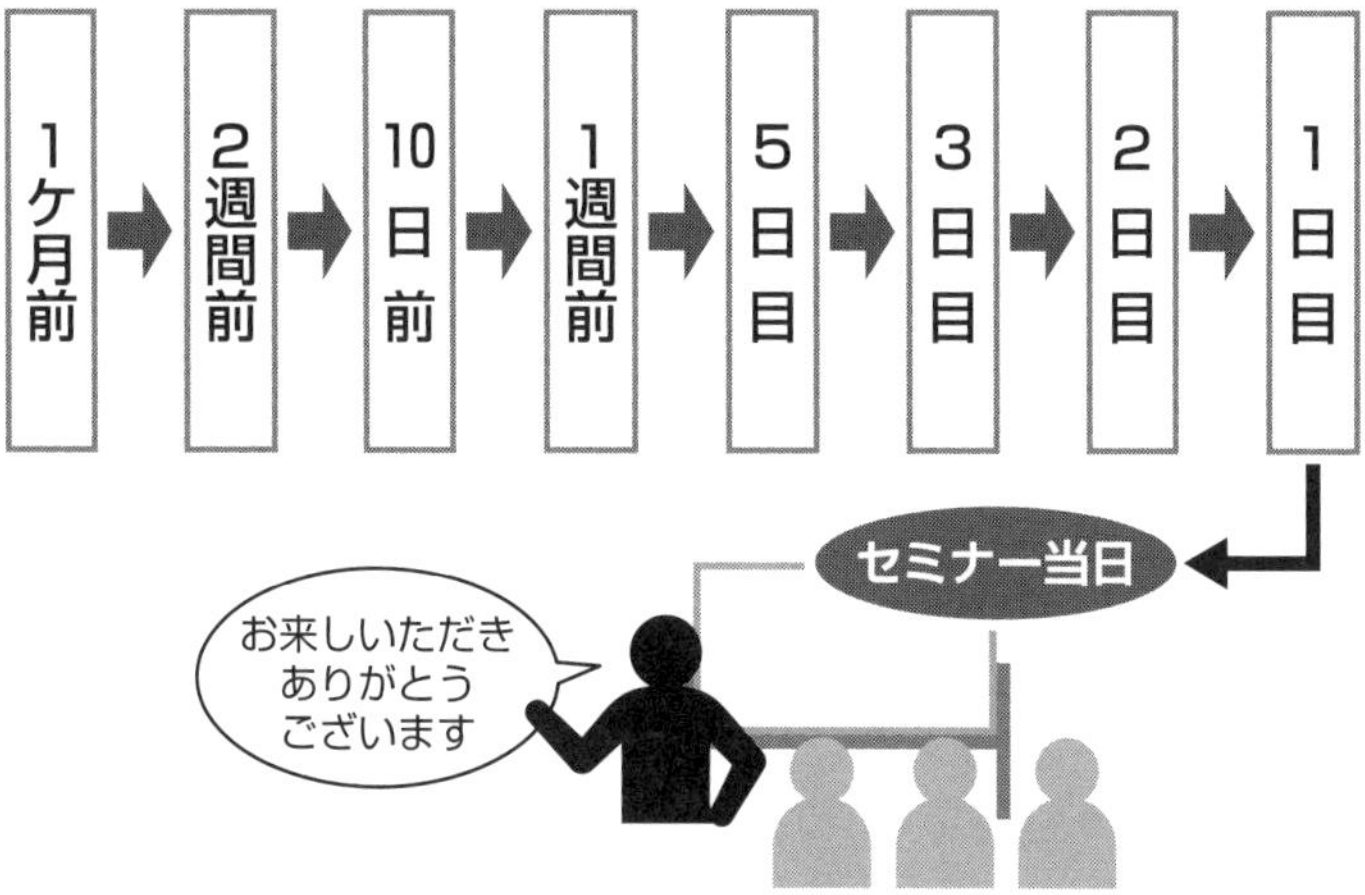

では具体的にどのくらいの頻度で告知をしたらいいのか。もちろん正解はありませんが、私の感覚を参考までにお伝えしておきます。

私の場合、セミナーの1ヶ月前くらいから告知をスタートします。一度告知をしたら、その後は週1回程度、告知をします。セミナーが近づいてきたら、それに応じて頻度を少し増やします。たとえば2週間前くらいからは3日に1度くらい。セミナー1週間前になれば、2日に1回。3日前くらいからはほぼ毎日、セミナー開催直前まで告知します。直前に申し込みを決意される方も一定数いるからです。

その他にも、ブログ記事を書いている時はブログの最後に「お知らせ」ということでセミナーの告知ページを紹介しています。とにかく、**あらゆる手段でセミナーに興味がありそうな人に情報を届ける――この姿勢をもつことが大切です。**

キャンセルポリシーはいらない

最後にものすごく細かい話ですが、私自身もどうすべきか悩んだ時期があるので、キャンセルポリシーについて考えを書きます。キャンセルポリシーとは、たとえば当日にキャンセルしたら参加費の全額を払ってくださいといった話ですね。

結論から言えば、**私はキャンセルポリシーはいらないと考えています。**理由はいくつかあります。

一つは前にも書きましたが、価格を高く設定すると変なお客さんが来ないからです。価格を高く設定すると本気で困っている人しか基本的には申し込みをしません。だからドタキャンもほとんどありません。私の場合は参加費を前払いでいただいていますが、当日欠席をされた人から返金を求められたことはありません。

私のセミナーに集まるのはマナーの良い人たちばかりです。それは価格を高く設定していることが一つの要因だと考えています。

もちろん、最終的にどうするかは皆さんが決めることです。私は単に運がいいのかもしれません（笑）。でもできれば、価格を高く設定し、キャンセルポリシーなしでまずは運営してみてください。それで万が一キャンセルが相次ぐなど、トラブルが多いようであれば、キャンセルポリシーを設けたらいいのではないでしょうか。

コラム

コラボセミナー開催時に決めておくべきこと

ここではコラボセミナーを開く前に共催相手と取り決めしておくことについて、私の考えを参考までに紹介します。

最初に決めたほうがいいことは、セミナーの価格と売上を分ける割合です。参加費を一人いくらにするのか。売上を最後どのように分けるのか。こうしたことは最初に決めるようにしています。お金の話は後で揉める可能性があるからです。

まず決めるのは、コラボセミナーの価格（参加費）です。自分一人で決められませんので話し合いになるわけですが、集客を見込む人数で私は提案するようにしています。

一つの目安は10人です。10人を超える人数の集客を見込む場合、私は今なら5500円を提案します。単独のセミナーを見ていると無料〜3000円程度のセミナーが多いです。講師が二人いるコラボセミナーなら、5500円は決して高くない。私はそう考えるからです。

一方、10人以内の人数を見込む場合は少人数制のセミナーになるので、最近では1万2000円前後で価格設定するように提案します。少人数のセミナーなら、多少高くても価値があると感じてもらえる。そう考えているからです。

セミナーの価格を決めたら、次はいよいよ売上を分ける割合を決めます。

誰もがそうであるように、私もこうした話をするのは好きではありませんが、避けることはできません。最初に話さなくても、少なくとも最後には話さなければいけない。それならはじめに思いきって話をしてしまったほうがいい。これが私の考えです。

共催相手にもよりますが、基本的には半々で提案しています。コラボする相手が自分より集客力があるように思えても、です。コラボセミナーですから、基本的には自分と共催者の方は対等だと私は考えているからです。

例外があるとしたら、割合を譲歩しなければコラボできないような相手とやる時でしょう。たとえば自分の師匠のような存在や、憧れの存在とやる時です。私も駆け出しの頃はそうして売上の全額を相手に渡したこともあります。それはコラボセミナーをやることで、その方からノウハウを学ばせていただく。そうした感覚が強かったからです。

しかし今では私も立派なセミナー講師。基本的には半々で提案します。半々以外の提案をする時はあくまでセミナーのキャリアが浅く、相手から学ばせていただくと自分が感じている——そういう時に限定すればいいでしょう。

ただし正解はありません。私の話を参考に、ご自身の感覚で話し合ってみてください。いずれにせよ、お金の話ははじめに明確にしておきましょう。それがその人とのその後の関係を保つためにも大切になるからです。

お金の話さえ済ませれば、後はそんなに多くのことは話し合いません。時間配分と司会進行の役割くらいですね。

コラボセミナーの場合、全部で2時間のセミナーとすることが多いです。時間配分はお互いのトークがそれぞれ45〜50分、休憩と質疑応答含め10分〜15分。セットで1時間ずつ。そうした配分で提案します。休憩・質疑応答の時間を多めに入れておくと、どちらかが時間を多少オーバーバーして話をしてしまっても、時間の調整がしやすくなります。

あとは当日の司会・進行役をどちらが務めるかを決めておきます。たとえばセミナーの最初にどちらが話すかですね。これを事前に決めておかないと、いざセミナーがはじまった時にまごついてしまいます。

また、お互いどんな話をするか、簡単でいいので事前に確認しておきましょう。私の場合は本当に大雑把に「自分はこんな話をしますのでよろしくお願いします」という感じで相手に伝えます。相手がどんな話をするか。テーマが重複しないように聞きはしますが、細かくは聞きません。相手のスライドも確認しません。「大体こんなテーマで話をするんだな」と理解できれば十分です。

コラボセミナーとはいえ、お互いプロ。話が完全に重複さえしなければ、お互いのパートを各自責任もって話せばいい。そう考えているからです。

コラボセミナーを開催する時に相手と話し合うのは以上のようなところです。もし開催する際には、ぜひ参考にしていただき、コラボセミナーを楽しんでください。

第5章

講師を続けるポイント

5-1 ラクに講師を続けられる仕組みを整える

セミナー講師を続ける秘訣は何か。そう聞かれれば、私は「いかにラクに続けられる仕組みを整えられるか」と答えます。

主なポイントは2つです。**一つは集客ロードを極限まで減らすこと。もう一つは、セミナーの準備にかけるロードをどれだけ減らせるか**です。この章では集客ロードを中心にお話しします。セミナーの準備については第6章でお話しします。

集客のストレスをいかに減らすか

なぜ集客ロードを極限まで減らすことが大切なのか。前章でもお伝えしましたが、セミナー講師で一番大変なのは集客だからです。

集客の難点は、セミナーを開催する心理的ハードルがものすごく高くなることです。告知ページを作る手間はもちろんですが、それ以上に問題なのが人が思うように集まらない時です。そうなると「自分は人気がないのかなぁ」「自分には価値がないんだ」などとネガティヴな感情に襲われます。誰でもこうした感情とは向き合いたくない。多くの人がセミナー講師を続けられない理由がここにあります。

経験を積めば、人が集まらなくて当たり前であること、そのことと自分の価値は全く別だということはわかってきます。しかし場数を踏まないと、なかなかこのことが腑に落ちません。セミナーを開くことがしんどいと感じてしまうのです。イヤな気持ちを味わいたくないからです。

だからこそ、こうした気持ちをできる限り感じずにすむ仕組みを作ることが大切です。そうして私がたどりついたのが**「継続型セミナーを作る」**ことでした。どういうことか、説明していきましょう。

継続型セミナーの利点とは?

まずは私が定期的に開催している継続型セミナーの説明から始めましょう。

私は現在、1年かけて毎月セミナーを受けてタスク管理を身につける全12回の講座を開催しています。受講料は毎月1万2000円の月謝制。8名限定の講座です。この講座をはじめることで、私は苦なくセミナーを続けることができるようになりました。

私がこの講座で感じるメリットを一つずつ説明していきたいと思います。

一番のメリットはなんと言っても集客ロードが12分の1になったことです。通常12回セミナーを開くとすれば、12回告知ページを作り、集客をしなければなりません。しかし1年間の継続型セミナーの場合、最初に全12回の講座で、それぞれのテーマはこんな内容ですよと示しています。だから1回の告知で済むわけです。講座の受講料は第4章で紹介したPayPalを活用した月謝制になっています。

ブログの告知ページにはPayPalの申し込みボタンが設置してあります。受講者には最初に申し込んでいただく時にここからPayPalの定期支払いを締結してもらうのです。そうすると、受講者が解約しない限り、毎月自動的に受講料がPayPalを通して支払われます。

つまり、最初に1回告知をして受講者に申し込みさえしてもらえれば、セミナーの売上も毎月自動的に入ってくるのです。こうして考えてみると、ものすごくラクな仕組みですよね。

ちなみに私がこの月謝制を思いついたのは、第3章で少し紹介した心理カウンセラーの心屋仁之助さんがきっかけでした。

心屋さんは以前「Ｂｅトレ」というセミナーを毎月2回開催していました。５０００円超の月謝で多い時は4000人超の会員がいたそうです。単純計算すると月2000万円の売上が続くわけです。

私もこれはすごい仕組みだなと感じ、自分でもやってみよう――そう思って実行したのです。

キーワードは「少人数・高単価・サブスク」

一方、私の場合は心屋さんほど集客力がありません。そこで考えたのが少人数・高単価・サブスクでした。人数を絞る。そのかわり単価を高くすればいい。そう思いついたわけです。

受講生にとっても、少人数であれば得られるメリットは大きいと感じるはずだとも考えたからです。

たとえば参加者が30人、50人といれば、どうしても講師に質問できる機会は限られます。講師と直接やりとりする機会が減るわけです。

でも8名限定の講座であれば、講師と密にコミュニケーションが取れる。そうすると、その分、受講者も成長できる。それならある程度高いお金を払っても受けてくれるのではないか。そう考えたわけです。

結果的にこの戦略はうまくいきました。はじめて継続型講座を企画した際には満席となったのです。

この話から参考にしていただきたいのは、**集客力がない段階では「少人数・高単価・サブスク」――この3つを意識するといい**ということです。

月謝制はwin-winの最強のビジネスモデル

月謝制のいいところは、講師と受講者の双方にメリットがあることです。

講師側のメリットは、毎月安定した収入を得られることです。毎月単発でセミナーをやっていると、どうしても月ごとに集客人数・売上にばらつきが生じます。一方で、月謝制の場合は受講生がやめない限り、毎月同じ売上が入ってきます。

これは副業としてビジネスをするうえでとても大きいのです。毎月一定の収入が得られる見込みがあると、安心してビジネスに投資できます。

たとえばZoomの場合、ミーティング時間を無制限で利用しようとすると本書執筆時点で月額2125円かかります。これを1年間利用しようとすると2万5500円（2125円×12ヶ月）となります。一方、1年一括契約の場合2万100円です。つまり、一括契約のほうが5400円安いわけですが、集客がゼロの月もあるかもしれないと考えてしまうと、一括契約に踏みきるのはむずかしいものです。

月謝制のセミナーをやっていれば、1年通してZoomを利用する可能性が高いので迷わず一括契約を選べます。そうすると5400円を節約することができるわけですね。これは一つの例ですが、**安定した収入が見込めればこうして効果的・効率的にビジネスに投資できるようになります。**

継続型セミナーは受講生の成果も出やすい

では、継続型セミナーは受講者にはどんなメリットがあるのでしょうか。それは毎月セミナーを受け続けることで成果が出やすくなることです。たとえばテニスやピアノを習う時のことを想像してみてください。3ヶ月や半年に1回受講するより、毎月継続して先生に習ったほうが早く上達しますよね。セミナーで教えるノウハウも一緒です。

たとえば私が教えるタスク管理の手法も、1回セミナーを受けるだけで身につけるのはとてもむずかしいものです。多くの人はその後は続けられずに挫折してしまいます。

継続型のセミナーに参加される場合、毎月セミナーに参加することがモチベーションとなり、受講者はタスク管理を続けられます。そのうえ、わからないことがあれば、その都度、私に聞くことができます。こうして毎月継続して学ぶことで、タスク管理を確実に身につけることができるわけです。

このように、月謝制は受講者と講師双方に大きなメリットがある、講師として最強のビジネスモデルであると私は考えているのです。

レベル別のセミナーを作ってリピートしてもらう

レベル別の継続セミナーを作って既存の会員にリピートしてもらうことも、セミナー運営では効果的です。


たとえば私の場合、タスク管理を教える継続セミナー（レベル1）の次のステップとして、副業・自分のビジネスをはじめる継続セミナー（レベル2）を提供しています。

受講者にはまずタスク管理セミナーを通して、残業ゼロをはじめとした理想の働き方を手に入れてもらいます。その次のステップとして、私のように副業・自分のビジネスを築いていくノウハウを継続セミナーで教えていくのです。

この手法が効果的なのは、すでに**受講者側と私との間で関係性が出来上がってる**からです。受講者はレベル1の講座で1年間私とやりとりをしています。しかもレベル1の講座を受講して私のセミナーの効果を実感している。そうするとレベル2のテーマに興味をもっていれば、同じ効果を期待してセミナーを受けてくれるというわけです。

図表4　レベル別セミナーでリピートを促す

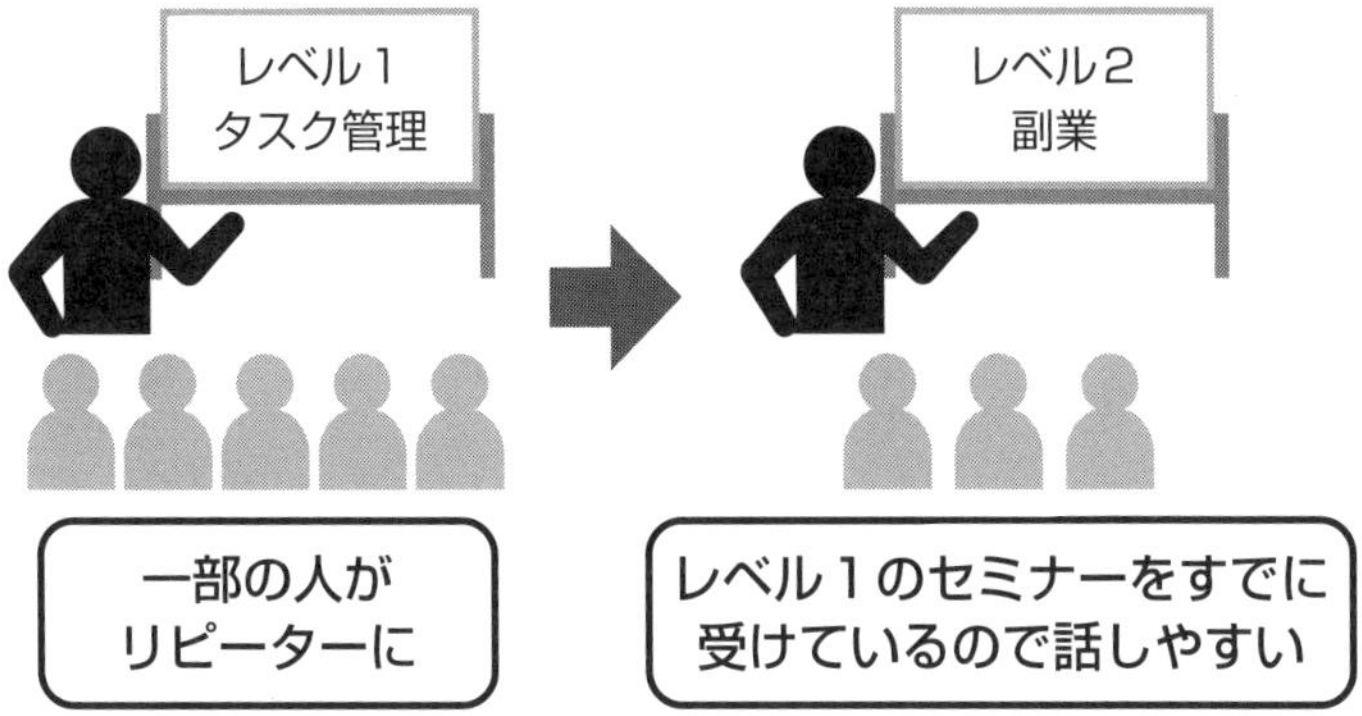

講師側としても慣れ親しんだメンバーと引き続きセミナーができるので、運営も圧倒的にラクになります。お互いそれまで何度もやりとりしているので、勝手がわかっているからです。

もちろん、全員が継続してくれるとは限りません。たとえば副業に興味がなくて私のレベル2の講座を受けない人もいます。それはそれでいいのです。

もしレベル2のセミナーに空きがあるなら、新たな受講者に向けてセミナーの告知をすればいいわけです。

このようにレベル別の継続セミナーを作ると集客ロードがさらにラクになります。ぜひ試してみてください。

5-2 セミナー動画を録画して活用する

セミナーを開催する時におすすめしたいのは、**セミナー動画を収録する**ことです。大変そうと感じるかもしれませんが、むずかしく考える必要はありません。たとえばリアル（対面）のセミナーの場合、私はiPhoneを使って撮影しています。これで画質は十分です。オンラインセミナーの場合はＺｏｏｍを利用すれば、有料プランでしたら録画機能があります。iPhoneを使ってＺｏｏｍを利用すれば、十分な画質で録画することができます。

そうして収録したセミナー動画の肝心の使い道ですが、さまざまな利用方法があります。今まで私がトライしてきたことでおすすめの利用法をいくつか紹介します。

セミナーの様子をYouTubeに上げる

一つめはYouTubeに動画を上げることです。逆の立場になればわかるかと思いますが、セミナーを受けようと思う人も皆さんがどんなセミナーをやっているか気になります。どんな雰囲気で、どんなことを話しているのかを知りたいわけです。なぜなら、せっかく高いお金を払ってセミナーを受けにくるので、損したくないからです。

だからこそ、**興味をもってくれた人に皆さんがどんなセミナーをやっているのか、少なくとも様子を「チラ見せ」しておく**のです。

たとえばセミナー動画を編集して、セミナーのダイジェスト動画を投稿します。そうすると視聴者もこんな雰囲気のセミナーなのかと理解ができます。良さそうと感じてもらえれば、申し込みをしてくれるわけです。

過去のセミナーのフル動画を会員向けの特典にする

ダイジェスト動画だけでなく全編（フル動画）を公開するのももちろんアリです。しかし私の場合、フル動画はもっと効果的に活用する方法があると考えています。その方法をお伝えしましょう。

私の場合、**セミナーのフル動画は継続型セミナーの受講者の会員特典として活用しています。**継続型セミナーに申し込むと、過去のセミナー動画が見放題になる。これを会員の申し込み特典にしているのです。そうすることで継続型セミナーの価値を高めています。

具体的にどうやるのか。簡単に説明します。

私の場合vimeo（https://vimeo.com/jp/）という動画サービスを使っています。vimeoは動画を使ってさまざまなことができるサービスですが、私はシンプルに動画の管理に使っています。セミナー動画をvimeoに入れて、リンクを通してその動画を見られるようにします。

ブログ内の1ページにすべての動画のリンクを張っておけば、リンクを通して見たい動画にアクセスできるようになります。会員はブログ内の動画をアップしているページにアクセスすれば、過去のセミナー動画から好きなものを見られるというわけです。

一方、vimeoは費用がかかるのが難点です。本書執筆時点で安いプランでも月1200円かかります。セミナーをはじめたばかりの頃は初期費用は抑えたい。そう感じる人も多いでしょう。

そんな方はYouTubeを使って同じことをすればいいでしょう。YouTubeに動画をアップロードして「限定公開」にしておけば、リンクを知っている人しか動画を見られません。これを同じようにブログ内の1ページにリンクを張っておけば、同じことができます。

vimeoを使うメリットはアップロードした動画を単品で販売することができたり、動画をさまざまな形で活用できることです。しかしはじめからいろんなことをやる必要はあり

vimeoで過去のセミナーを見れるようにしておく

ません。まずは初期投資を抑えるためにYouTubeを活用するのがおすすめです。

お客様の声を動画にする

セミナーの最後などにその日の感想を聞いて、お客様の声として動画で紹介するのもおすすめです。

たとえば私の場合、継続セミナーの最後の回、全12回の講座の12回目の最後に受講生から講座を通して自分自身がどう変わったのか、コメントをしてもらうようにしています。そうすると「まさか残業ゼロになれるとは思わなかった」といった嬉しいコメントをもらえます。こうしたコメントの入った動画をセミナーの告知ページにリンクとして張っておくのです。

セミナーの告知ページにお客様の声を書いているケースも多いですが、やはり文章よりも実際のお客様の声を聞いたほうが真実味が出てきます。ぜひ試してみてください。

5-3 個別セッションを継続特典にしてセミナーの価値を高める

過去のセミナー動画を見放題にすること以外にも**「個別セッション」**を活用することでセミナーの価値を高めることができます。

個別セッションとは、受講者と1対1でお話しすることです。セミナーですと、講師1人に対して生徒が複数います。そうすると、思うように聞きたいことが聞けないことや、悩みの内容が人にオープンにできなくて相談できないようなケースも出てきます。個別セッションですと講師と1対1ですから、こうした悩みを解消することができます。

継続者に個別セッションの特典をつけるメリット

個別セッションは受講者側からすると大きなメリットが得られる機会であり、私はこれをセミナーの継続特典として活用しています。具体的には**3ヶ月会員を続けてくれた方に60分の個別セッションを無料で受けられる権利を提供しています。**

個別セッションを特典として活用する

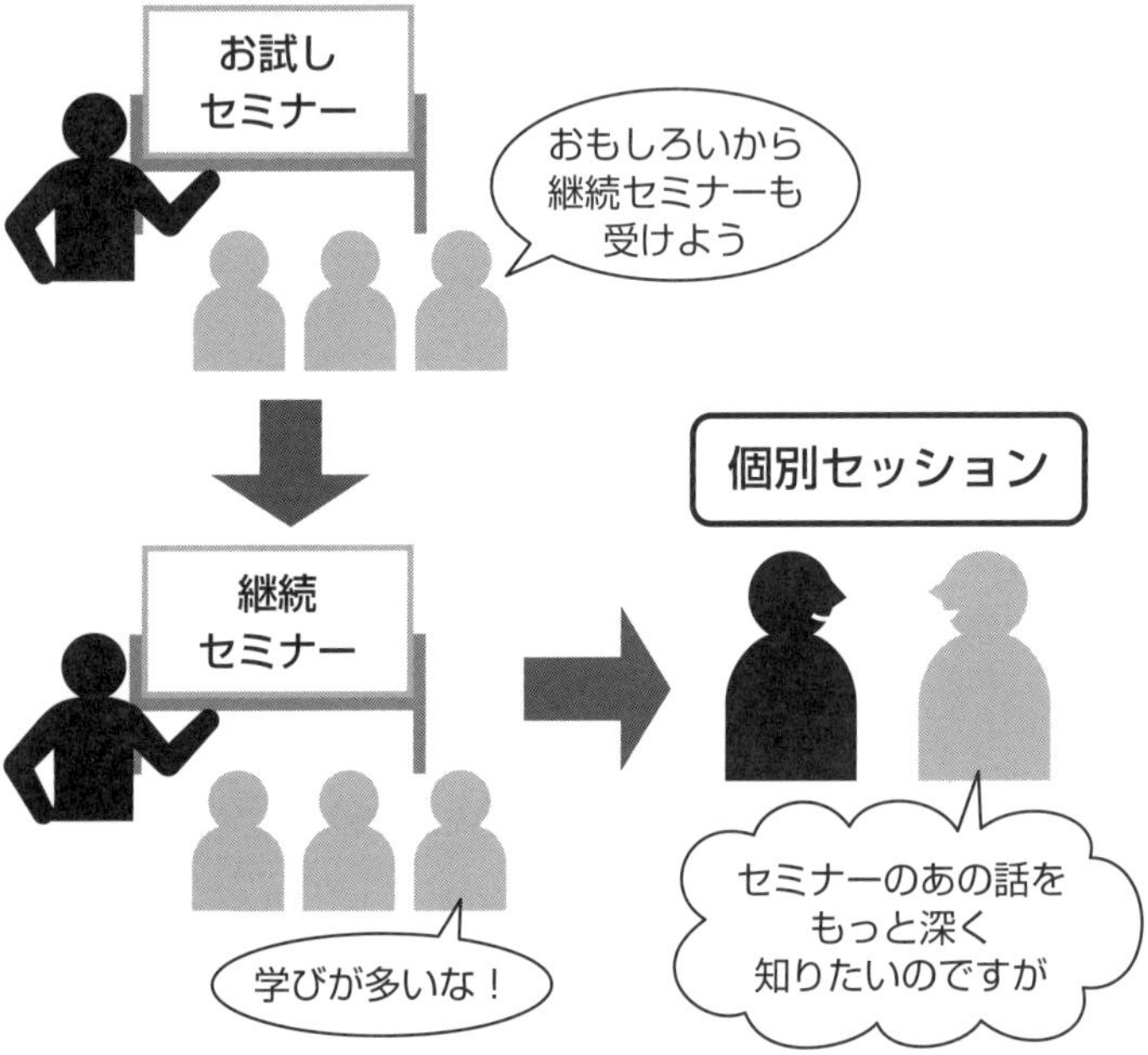
お試し
セミナー
おもしろいから
継続セミナーも
受けよう
継続
セミナー
学びが多いな！
個別セッション
セミナーのあの話を
もっと深く
知りたいのですが

私の場合は通常、個別セッションは60分で２万５０００円いただいています。そのうえでセミナーの告知をする時に「３ヶ月継続すると60分２万５０００円の個別セッションが無料で受けられます」と書きます。そうすると、受講者からすると３ヶ月継続すると得だと感じるはずです。会員になろうと思う一つの動機になるのはもちろん、３ヶ月継続してもらえる大きな要因になるわけです。

　私としてはセミナーの効

果を実感してもらうために、最低でも3ヶ月は継続してもらいたいわけです。どうしたら3ヶ月続けてもらえるか、考えた末にたどりついたのがこの方法でした。

このように、このセミナーに申し込むと得だなと感じてもらうことが集客では大切です。個別セッションを特典としてつけるのは効果的です。ぜひ活用してみてください。

「お試し」として単発セミナーも開催する

どんなにお得に継続セミナーを設計しても、1年間継続してセミナーを受ける覚悟を決めるのは簡単ではありません。私のセミナーを受けたことがない人なら、なおさらです。いざセミナーを受けてイマイチだったら誰でもイヤだからです。

継続セミナーを受けてみたいけど、いきなり会員になるのはハードルが高い。そう感じる人に皆さんのセミナーを体験してもらう。その手段の一つとして**単発のセミナーを活用するする**のがおすすめです。

たとえば私の場合、いつもより**少し安い価格で単発のセミナーを開催する**時があります。通常私のセミナーの受講料は1万2000円前後です。これを5000円前後で開催するのです。そうすると、継続セミナーの受講を躊躇《ちゅうちょ》している人が受講してくれたりします。

そのセミナーの終わりに継続セミナーの案内をお知らせします。そうすると、単発セミナーを気に入ってくれた場合、「継続セミナーも受けてみよう」となる方が出てくるわけです。

このように、皆さんの良さを知ってもらう機会がどうすれば増えるのか、いろいろと考えてみましょう。セミナー動画を提供するのもその一つの方法ですよね。

しかしやはり一番効果的なのは、実際に体験してもらうことです。リアル（対面）でもオンラインでもいいのです。実際にやりとりをしたり、話を聞いてもらう。そこで良さを実感してもらえれば、継続セミナーに参加してもらえる確率はずっと高まります。

5-4 無料のセミナーより コラボセミナーがおすすめ

他にも無料でセミナーを開いたり、セミナーを共催する方法があります。よく巷《ちまた》では無料のセミナーが開催されてますよね。あれも次のステップ、つまり有料のセミナーや有料の商品の購入に導くための入り口なのです。

しかし個人的には、無料のセミナーはおすすめしません。理屈で考えれば無料で開催したほうが受講者側の「お試し」には最適です。しかし前にも書いた通り、世の中には無料のセミナーが溢れています。その競争に打ち勝つ優位性が皆さんになければ、無料でセミナーを開催しても人は集まらないのです。

無料セミナーは「強者の戦略」

受講する側の視点に立ってみてください。無料のセミナーということは、内容は有料のものに及ばない。そう想像しますよね。そうすると、受講者側も自分の貴重な時間を使って受講しようとは思わないのではないでしょうか。たとえば野球選手の大谷翔平さんが無料で講演するとなれば、どんな話でもいいからとにかく話を聞きたい。そう感じる人も多いでしょう。しかし私たちのように知名度が低い人物が無料で話をしても、たいした話は聞けそうにない。そう感じる人がほとんどということです。

話の質に関係なく、皆さんの話を聞きたい。そう思ってもらえる知名度・レベルにならないと無料のセミナーを開いても集客はむずかしいというのが私の考えです。つまり、無料セミナーは強者が取る戦略なのです。

コラボセミナーは新しい客層にリーチできる

一方で、123ページなどでも触れましたが、他人と共催するコラボセミナーは集客方法としておすすめです。新しい顧客層にリーチできるからです。

たとえば同じ時間管理をテーマにビジネスをしていても、私の顧客層とAさんの顧客層は基本的には異なります。それは私とAさんでは、発信している内容や個性が異なるからです。野球が好きな人でも好きな選手は人それぞれですよね。それと同じです。

コラボセミナーのいいところは、たとえば私とAさんとで、タクス管理と時間管理のセミナーを共催する場合、私のことを知らないAさんの顧客に接する機会が得られることで

コラボセミナーで新たな受講者を獲得する

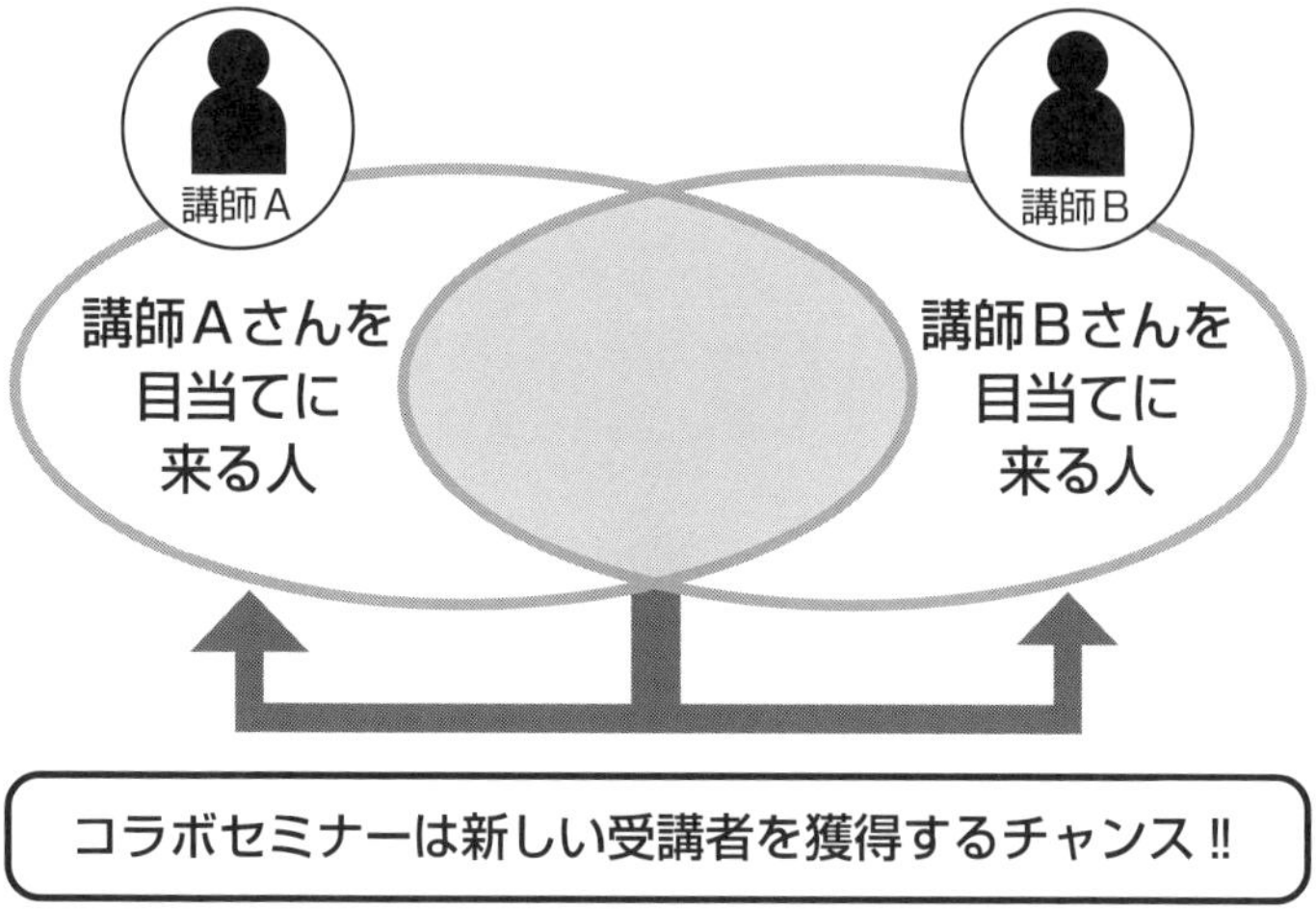

す。Aさんの顧客は時間管理に興味があるわけですから、タスク管理を紹介する私の話にも興味をもってくれるかもしれません。そうすると、コラボセミナーの終わりに「今度継続セミナーをやりますのでよかったら参加してくださいね」と情報提供すれば、そこから会員になってくれる可能性も出てくるわけです。

「どんな人とコラボすればいいの？」と思うかもしれません。結論から言うと、自分が話ができる共通のテーマがあれば誰とでもOKです。

たとえば私の場合、以前税理士さんとダイエットをテーマにコラボセミナーをしたことがあります。その税理士さんは1年で26キロやせたノウハウを伝えました。一方私は、時間管理や習慣の作り方という切り口で話をしました。その税理士さんのノウハウを自分の切り口で解説したり、習慣化のスペシャリストとして習慣を作るためにどんなことを意識すべきかなどの話をしました。

このように、自分が何かしら話ができそうであれば、どんどんコラボしていくのがおすすめです。

5-5 ノウハウを電子書籍として出版する

セミナーのノウハウやブログなどで情報発信している内容をまとめて電子書籍として出版する。これも集客に効果的です。

電子書籍はAmazonのＫＤＰ（Kindle Direct Publishing）というサービスを使うことで、今では本当に簡単に作ることができるようになりました。簡単に言うと、文章を書いて本の表紙を作って（パワーポイントでも簡単に作れます）登録するだけで電子書籍が出せるのです。

極端に言えば、**文章さえ書ければ誰でも電子書籍を出すことができます。**

電子書籍を出すメリット、それはそのテーマの専門家であるというメッセージを他人に示せることです。ＫＤＰで簡単に出版できるようになったとはいえ、1冊の本を書くこと自体はそう簡単ではありません。一つのテーマについて本を書くことができる。それだけで専門家の証《あかし》なのです。

たとえば皆さんが時間管理について電子書籍を出せば、他人は皆さんを時間管理の専門家と見ることになります。セミナーの告知の際も、「本を出してる」と紹介すれば、告知を見た人は「この人は専門家なんだな」と評価してくれるでしょう。集客にもつながります。

無名でもベストセラーを出すことはできる

電子書籍を出すメリットは他にもあります。一つは単純に本の売上に応じて収入が得られることです。いわゆる印税ですね。

本書執筆時点でAmazonのKDPの印税は、形式にもよりますが70％です。本の価格を1000円に設定した場合、単純計算すると1冊売れるごとに700円の収入が得られます。10冊売れたら7000円。大きいですよね。

無名の自分が電子書籍を出しても1冊も売れないのではないか。そう感じる人もいると思います。しかしそんなことはありません。たとえば私の友人の寺澤伸洋さんはGAFAのうちの1社に勤務していた時『40歳でGAFAの部長に転職した僕が20代で学んだ仕事に対する考え方』という本をKDPで出版してベストセラーになりました。

彼は無名でしたが、「GAFAの部長」というキーワードと、本の内容がおもしろかったことで、ベストセラーを出すことに成功したのです。この本がきっかけでその後出版社からオファーがあり、商業出版で紙の本も出版。その後も数々のベストセラーを出しました。

この話から私が伝えたいのは「無名だから売れない」わけではないということです。もちろん、寺澤さんの場合は「GAFAの部長」という肩書きがあったこと、当時GAFAという言葉が流行っていて時流に乗れたこと。これらの要素も大きかったでしょう。

しかし言うまでもなく、売れたのは本の内容が良かったからです。本の内容が良ければ必ずしも売れるわけではありませんが、無名でも売れる可能性はあるのです。

YouTubeやネットで話題になって一気に有名になるアーティストもいますよね。**今はコンテンツさえ良ければ、誰でも世に認められるチャンスがある**のです。

コラム

音声「録音」で「話すように書く」究極の文章術

私は「話すように書く」というアイデアを知ってから、自分でも驚くぐらい文章を早く書けるようになりました。この本を読んで、ブログをはじめとした文章による情報発信をはじめよう。そう考えられる人もいるかと思います。そんな方に向けて、昔の私が知りたかった、とっておきの文章術をお伝えします。

それは音声入力ならぬ音声「録音」を活用する方法です。まず私が具体的にどのように文章を書いているか紹介します。その後、なぜそうしたやり方をするのか、解説しますね。

たとえばこのコラム。どのように書いたか説明しますと、次の通りです。

①音声を録音する
②録音した音声を文字起こししてテキスト化（文章化）する
③テキスト化した文章を編集する

順番に解説します。まず音声を録音します。今回のコラムを書くにあたっては、私の現在の文章の書き方を紹介したいと思いました。セミナーでこのことについて話をするとしたら、どんなふうに話すだろう？　こう自分に問いかけ、iPhoneに向かって話しはじめて音声を録音します。

音声を録音する方法は自由ですが、私の場合は文字起こしもできるアプリ「CLOVA Note」を使用しています。

ここでのポイントは、スピーチのように一字一句間違えず完璧に話そうとしないことです。

実際セミナーで話をする時のように、多少言い間違えてもいい。話がわかりにくければ補足すればいい。そう思って話すようにします。なぜなら、そうしないと話せなくなってしまうからです。あるいは、何度も録音をし直さなければならなくなります。録音した内容は文字起こしで文章にするわけですが、当然後で編集します。なので、この時点では完璧な内容でなくていいのです。自分が納得できる内容でなくてもいい。とにかく一回、話し切るのが大切なのです。

音声を文章化したもの

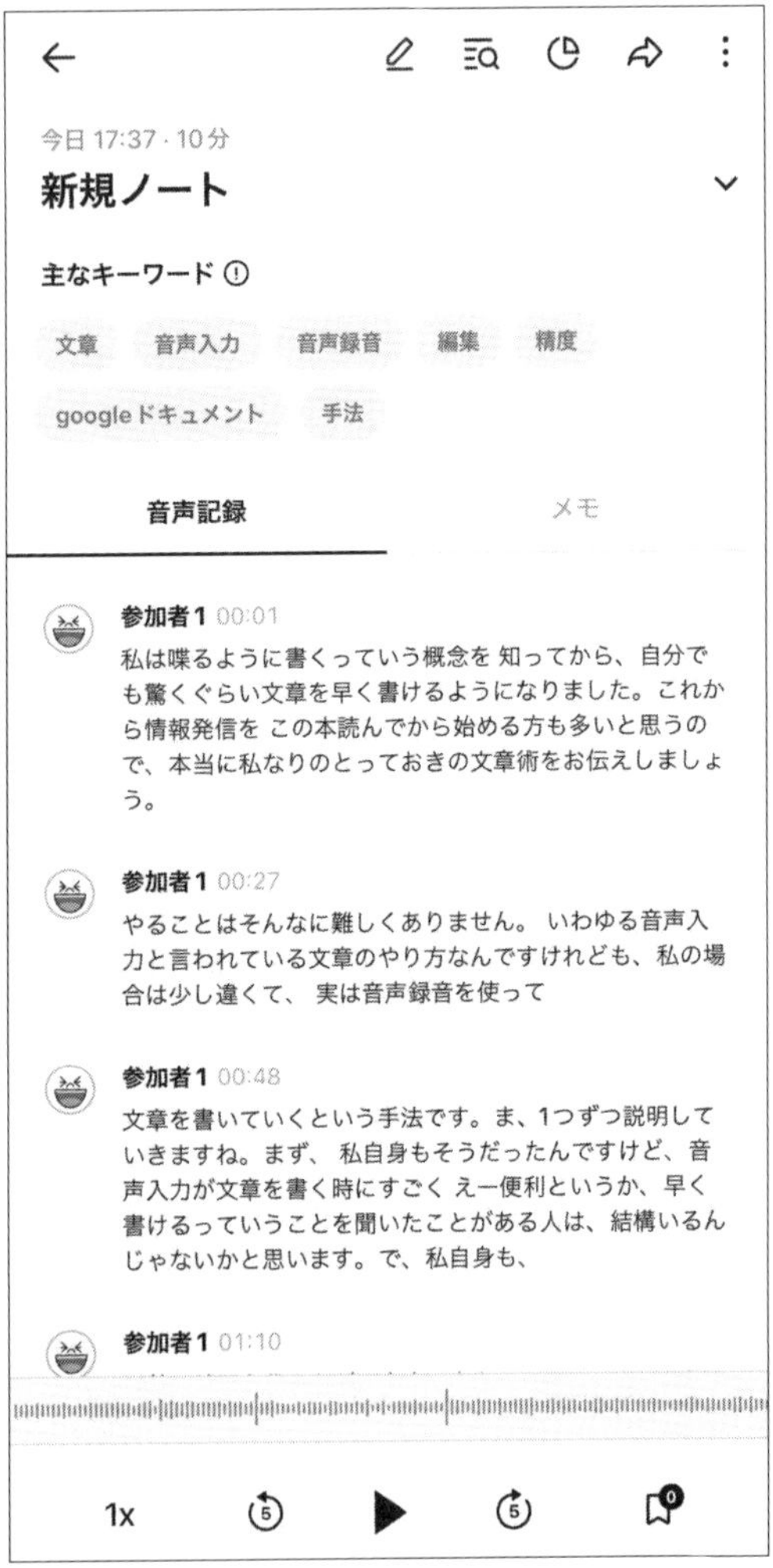
今日 17:37 · 10分
新規ノート
主なキーワード
文章
音声入力
音声録音
編集
精度
googleドキュメント
手法
音声記録
メモ
参加者1 00:01
私は喋るように書くっていう概念を 知ってから、自分でも驚くぐらい文章を早く書けるようになりました。これから情報発信を この本読んでから始める方も多いと思うので、本当に私なりのとっておきの文章術をお伝えしましょう。
参加者1 00:27
やることはそんなに難しくありません。 いわゆる音声入力と言われている文章のやり方なんですけれども、私の場合は少し違くて、 実は音声録音を使って
参加者1 00:48
文章を書いていくという手法です。ま、1つずつ説明していきますね。まず、 私自身もそうだったんですけど、音声入力が文章を書く時にすごく え一便利というか、早く書けるっていうことを聞いたことがある人は、結構いるんじゃないかと思います。で、私自身も、
参加者1 01:10
1x

録音を終えたら、次は「CLOVA Note」を使って録音した音声をテキスト（文字）化します。操作は簡単。いくつか操作をして「音声記録のダウンロード」を選択するだけです。そうすると右図のように、話した内容がテキストデータとして抽出できます。私の場合はこれをＭａｃのPages（WindowsでいうWord）に貼り付けて、文章を編集して仕上げます。

このように私がやっていることはとてもシンプル。しかしこれで従来のタイピングと比べて、驚くほど早く文章が書けるようになりました。なぜこの手法がそこまでの違いをもたらすのか。背景にある理論を説明しましょう。

●文章はゼロから書くより編集するほうが早い

音声入力を活用する一番のメリット。それはラクであるということです。同じ３０００字を書くにしても、タイピングで書くのと比べて音声入力で書くほうが圧倒的にラクです。これはやってみてくださいとしか言えません。

しかも一般的には、話す速度のほうがタイピングの速度より速いでしょう。そうすると音声のほうが早く書けることにもなります。

ちなみに今の私は音声「録音」をしていますが、いわゆる音声入力でもほぼ同じことはできます。少し前は私もGoogleドキュメントを使って音声入力をやっていました。iPhoneのGoogleドキュメントのアプリに向かってしゃべると、かなり高い精度で文字・テキストになります。そうして素材を作り、編集すれば同じことができるのです。

私が「CLOVA Note」を使って音声録音をしているのは、そのほうがほんのわずかではありますが、文字になる時の精度がGoogleドキュメントより高いと感じるからです。ただし、Googleドキュメントの精度も今では相当なものです。音声入力をするか音声録音をするかは、厳密には好み次第と言えるかもしれません。

この手法は慣れると本当に驚くくらい執筆がラクになり、スピードが上がります。騙《だま》されたと思ってぜひ試してみてください。

第6章

「月４時間」の効率的セミナー運営法

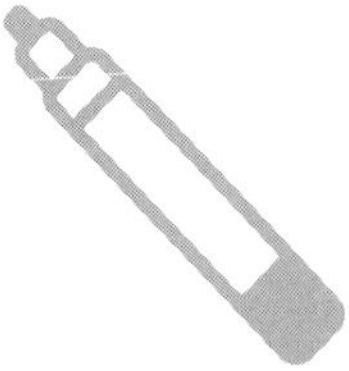

6-1 スライド作成は30分以内でOK

この章ではセミナーの準備にかけるロードを極小化する運営法をお伝えします。

私がこの章で一番伝えたいこと。それはとにかく、**セミナーの準備に時間をかけるのはやめよう**ということです。

代表例は当日の資料・スライド作りです。セミナーをやるとなると、当日受講者に見せるスライドを作らないといけない。そう考える人がほとんどだと思います。昔の私もそうでした。

私自身は結論から言うと、スライドを作る時間をほぼゼロにしました。対面でのセミナーの場合は基本的にスライドを作りません。オンラインの場合は作る時もあります。それでも、**スライド作りにかける時間は基本的に30分を超えないようにしています。**

なぜそんなに準備に時間をかけないのか。一体どうやっているのか。一つずつ説明していきましょう。

継続してセミナーを行うために準備は最小限にする

そもそもなぜ準備に時間をかけないようにしているのか。理由はシンプルです。そうしないとセミナーを継続していけないからです。

この本の読者は副業としてセミナー講師をやりたい人を想定しています。ということは皆さん、本業がある中で、セミナーの準備に限られた時間しか割けないわけです。そんな中、一つのセミナーをやるたびにスライド作りに3時間も4時間もかけていたら、時間がいくらあっても足りません。これだとしんどくなってとても続けられないというわけです。

どんなスキルもそうですが、セミナーも場数を踏めば踏むほどスキルが高まります。逆に言えば、継続して開催していかなければ講師としてのスキルも上がりません。**毎回準備にすごい時間をかけていると、それが心理的負担になってしまい、継続して開催していくことがむずかしくなってしまいます。**

私自身もセミナー講師をはじめた当初、この壁にぶち当たりました。はじめからスライドを作ってなかったわけではないのです。それまで私自身が受けてきたセミナーでは、講師側が立派なスライドを毎回作成していました。なので「セミナーとは、スライドを講師が用意して話すもの」だと思い込むようになっていたんですね。

だから自分もセミナーをやる時はスライドを作っていたわけです。

しかしいざ自分が講師をはじめると、すぐにその大変さを実感するようになりました。私の場合、当時残業ゼロだったとはいえ会社員。そのうえ、毎日ブログを書いたり情報発信に時間を費やしていました。セミナーの告知文も書いて、さらにスライドに時間をかけるのは正直しんどい。そう感じていました。

スライドがなくても話は十分伝わることに気づく

そんな中、私が今のスタイルに変わったきっかけはこれまでに何度かご紹介した心屋仁之助さんのセミナーの様子を映像で見た時でした。

心屋さんは大勢の人の前で話をしていたのに、スライドを作ってなかったんですね。手元におそらく何を話すか忘れないように、紙だけもって話をしてたんです。時折ホワイトボードを活用して説明する。そんなスタイルで話をしていました。

心屋さんの話は、スライドがないからといってわかりづらいといった不便は全くなく、それどころかとてもわかりやすかったのです。自分が受講者という立場で、スライドがないセミナーで問題ないと感じるなら、自分がやるセミナーでも、スライドなしで問題ないはず。このことに気がついたんですね。

　それから私自身はスライドを作らない、今のスタイルに落ち着きました。対面のセミナーの際はホワイトボードがある会場を使い、スライドは使わずトークのみです。**必要に応じてホワイトボードを使う――こうしたスタイルでセミナーを行うようになった**のです。

　これでセミナーの準備にかける時間は激減。講師の仕事を苦なく続けていけるようになりました。

6-2 セミナーに向けて用意するのは簡単なメモのみでOK

ただ、もちろん何も準備しないわけではありません。何を話すか忘れないように、当日話をする内容を書き出したメモは用意します。左ページの図はこれを抜粋したものです。事前に用意するメモは、この程度で十分なのです。だから準備に30分はかからないというわけです。

ではこのメモをどうやって作っているか。なぜこれで十分な話ができるのか。これからセミナーの準備を私がどうやっているのか、メモの具体的な作り方を含め、丁寧に説明していきます。

思いついた順番で、伝えたいことを書き出す

セミナーの準備でまず最初に考えるのはセミナーのテーマですよね。

私の場合、最初は「**どんな話をしたら受講者に役立つかなぁ**」という感じで考えはじめ

セミナーに向けて用意するメモの例

■僕が残業ゼロを目指すようになったきっかけ

吉越さんの本がきっかけ

・吉越さんの本を読み、合理性を追求し、即断即決することに憧れてマネをしはじめた。

・はじめの頃は、よく失敗。部下にも迷惑をかけた。

・しかし、その失敗の経験から、今では的確に動けている。

■仕事のスピードを上げる方法

●相談せず、自分で決める習慣を作る

・他人に相談すると、相談の時間と、ムダな指示の時間が増える。だから、できるかぎり自分で決めてしまうこと。

・大切なことは、どこまで自分で決めていいか、見極めること。

昔はこれでよく失敗した。体制を決めたりする時に、一人で決めて、あとで訂正させられる。

これを防ぐためには、

その仕事を失敗した場合、「誰に迷惑をかけるか」を考える

・直属の上司に謝れば済むなら、自分で決める。上司を超える問題は、上司に相談する。

・たくさんの関係者を巻き込むなら、事前に決裁者に確認する。

メモの作り方の手順　ステップ1

■上から順番に処理するタスクリストを作る必要性
■なぜそもそもタスクリストを作るべきなのか
■予定しなければ実行されない
■計画と実行を切り分ける
■タスクの見積時間が必要な理由
■予定終了時刻が必要な理由
■割り込みタスクとルーティンタスクにかかる時間を計測して反映する

ます。そうすると「今日は実効性のあるタスクリストの作り方をテーマにしよう」「習慣の作り方をテーマにしよう」――そんな感じで思いついたりします。私の場合、タスク管理や習慣化が専門分野なので、自分の中にある引き出しから受講者に役立ちそうな話を選ぶイメージです。

この時点ではここまで述べたような感じで、あまり細かい内容は考えません。ざっくりとどんなテーマで話をするか決めます。

テーマが決まったら、次は当日受講者に伝えたいことを箇条書きで書き出していきます。試しに「実効性のあるタスクリストの作り方」をテーマとして即興で、いつもと同じように箇条書きで書き出してみると上の図（ステップ1）のようになりました。

メモの作り方の手順　ステップ2

■上から順番に処理するタスクリストを作る必要性

●なぜそもそもタスクリストを作るべきなのか

・予定しなければ実行されない
・ティム・フェリスのエピソード
・計画と実行を切り分ける必要性
・同時にやると冷静な判断ができなくなる。先送りを防ぐ効果
・上から順番に処理するタスクリストが一番ラク。

■どうやって上から順番に処理するタスクリストを作るか

・タスクの見積時間が必要な理由
・予定終了時刻が必要な理由
・割り込みタスクとルーティンタスクにかかる時間を計測して反映する
・見積時間は30分以内にする

この段階ではとにかく受講生に伝えたい。そう思うことを思いついた順番に書き出していきます。話の構成や順番は後で修正すればいいのです。この時点ではとにかく「書き出す」ことを意識しましょう。

ある程度書き出したら、それぞれの項目につきどんな話をするか。考え、さらに追記していきます。私は上の図（ステップ2）のように「■」

「●」「・」を使って大中小項目の分類をし、考えを追記していきます。

ここでのポイントは、**話す内容のキーワードやポイントだけを簡単に書いておくに留めることです**。

たとえば「ティム・フェリスのエピソード」とあります。これはアメリカのベストセラー作家のティム・フェリスが「予定されなければ実行されない」と語っていたおもしろい話があったので、それを紹介しようとメモしたものです。少なくとも私の場合、このメモさえあれば当日この話について問題なく話をすることができます。

「才能があるからメモだけで話せるんだ。私にはムリ」と思うかもしれません。しかしこれは思い込みさえなくせば誰でもできることです。大切なことなので、よりくわしく説明しましょう。

伝われば目的達成——誰でもメモだけで話せる理由

メモさえしておけば誰でも話せる。私がそうお伝えする理由は、皆さんがセミナーで話をする内容は、皆さんが得意なこと、好きなことを話すからです。

皆さんが好きなこと、たとえば好きなゲームやアイドルについて話をしてくださいと言われたら、ほとんどの人は何も見ずにペラペラと話すことができるのではないでしょうか。それはそのことが得意であり好きだから、苦なく自信をもって話せるからです。

皆さん自身のことについて話してくださいと言われた場合も同じですね。自分のことなら、メモなど見ずにいくらでも話すことができるはずです。

もちろん、事前に準備をしていなければ、多少回りくどい説明をしてしまう時もあるでしょう。しかしそれでもいいのです。

セミナーで説明するとなると、理路整然と話さないといけない。言い間違いをしてはいけない。そんなふうに思い込んでいる人も多いように思います。しかしそう思うからこそ、メモだけだと話せなくなるのです。

セミナーの目的は、自分が伝えたいことが受講者に伝わることです。つまり、伝われば目的達成なのです。

たとえば友達と喫茶店で話をしていて「この表現だと伝わらないかな」と感じたら補足したりしますよね。セミナーもそれでいいのです。

完璧な順番で、一文字も言い間違いをしないように話そう。そんなふうに思えば、原稿を棒読みするしかなくなります。でもそんなセミナー、皆さんが受講者だったら受けたいと思いますか？　少なくとも私なら、セミナーではなくその人のブログや本を読めば十分と感じてしまいます。

セミナーの価値は、その場で味わえるライブ感にあるのではないでしょうか？ それなら完璧に話すより、多少言い間違いや回りくどい表現があったとしても、まるで友達としゃべっているような感覚で話したほうが、受講者は嬉しかったりするのです。

「話す順番」と「構成」がカギ

一方、受講者に伝わりやすい順番や構成で話すことは大切です。だからこそ、私は話の構成や話す順番については、事前に準備をします（この点は次項で述べます）。しかし大枠さえ押さえておけば、細かい表現や言い間違いは誤差の範囲です。そこまで神経質になる必要はありません。

試しに自分が好きな人が講演をしている姿を見てみてください。その人は一字一句間違えずに話をしていますか？　「あー」「えー」などと言っていませんか？

粗を探そうと思えば、どんなすごい人でもこうしたことを指摘できます。でも、聞いている時はそんなこと気にしないですよね。「あ、この人、今言い間違えた」とは思っても、それだけでその人の価値が下がるわけではありませんよね。**他人は皆さんが気にしてるほど気にしてない**のです。

6-3 伝えたい順番に話を並べ替える

さて、セミナー当日に話す内容のメモの作り方に話を戻しましょう。

ここまで、受講生に伝えたいことを思いつくままに書き出し、それぞれの内容について簡単にメモをする。そんな話をしました。

次は、**話す順番と構成を検討**します。簡単に言えば、先ほど作成したメモの順番を必要に応じ入れ替えるのです。

たとえば次ページの図表の「■上から順番に処理するタスクリストを作る必要性」と「■どうやって上から順番に処理するタスクリストを作るか」の順番を入れ替えて話をしたほうが受講者に伝わりやすい。そう思えば順番を入れ替えます。

その他にも「●」や「・」の内容も「この順番で話をしたほうが伝わるな」と思う順番に並べ替えます。

なぜなら、**話をする順番＝話の構成は受講者に伝えたいことを伝えるためにとても大切**

セミナーで話す内容の並べ替える例

実行力を高めるタスクリストの作り方

■上から順番に処理するタスクリストを作る必要性

●なぜ、そもそもタスクリストを作るべきなのか

・予定しなければ実行されない

・テイム・フェリスのエピソード

・計画と実行を切り分ける必要性

・同時にやると冷静な判断ができなくなる。先送りを防ぐ効果

・上から順番に処理するタスクリストが一番ラク

並べ替え

■どうやって上から順番に処理するタスクリストを作るか

・タスクの見積時間が必要な理由

・予定終了時刻が必要な理由

並べ替え

・割り込みタスクとルーティンタスクにかかる時間を計測して反映する

・見積時間は30分以内にする

だからです。ここは伝えたいことを伝える重要な肝なので、しっかりと検討するわけです。

あらためて確認すると、次の手順を経てセミナーの準備は完了することになります。

①伝えたいことを思いつくままに書き出す
②書き出した項目につき、当日どんな話をするか。メモ程度で追記・補足する
③それぞれの項目を伝わりやすいように並べ替える

慣れてくれば、30分もかからずにこの作業を完了することができます。これなら、事前準備に時間をかけずに、いくらでもセミナーができるというわけです。

6-4 一つのスライドに情報を詰め込みすぎない

私はスライドはあまり作成しませんが、それでもオンラインセミナーの際は簡単なものを用意することがあります。スライドを作る場合、注意すべきなのは「一つのスライドに多くの情報を盛り込みすぎない」ということです。

たとえば社内外でセミナーや勉強会を受けていると、次ページの図のように、たくさんの文字が書かれているスライドをよく見かけます。

セミナーのスライドは読みやすさが命

普段こうしたスライドを見慣れていると、違和感を感じないかもしれません。しかしここで、話を聞きながらスライドを見る立場になって、一度冷静に考えてみましょう。このスライドは本当に受講者のことを考えて作られているでしょうか？　少なくとも私は、説明を受ける時にこのようにたくさんの文字がびっしり書かれたスライドを見ると、「これ

情報を詰め込んだスライドは読みにくい

自己紹介

- 慶應義塾大学卒。東証一部上場の大手金融機関勤務の現役会社員
- 長時間労働に悩んだことをきっかけにタスク管理を独学で学びはじめる。
- 2016年から「残業ゼロ」の働き方を実践。その体験を書いた『気持ちが楽になる働き方　33歳現役の大企業サラリーマン、長時間労働をやめる。』はアマゾン1位2部門を獲得。
- その後セミナー講師を中心に個人事業主として活動をスタート。順天堂大学をはじめ講演活動も行う。現在はYahoo！ニュースやアゴラをはじめとしたウェブメディアでも執筆している。

を読めというのか？」と感じて、一気に聞く気はなくなってしまいます。

人が注意を向けられるリソース・集中力は限られています。こうしたスライドを読んでいると、必然的に講師の話に意識を向けることもむずかしくなります。講師の話から吸収できることも減ってしまいます。

それでも「スライドを読むことで話の内容を理解できるからいいじゃないか」と思うかもしれません。しかしそれならスライドを事前に配れば済む話です。わざわざセミナーを受ける必要はないわけです。

わざわざ時間を作ってセミナーを受けるのは、講師の話を直接聞くことで、文章を読むだけではわからない細かいニュアンスなども理解したいからです。

文章を読めばわかるなら、その他にもブログ記事を読んだり本を読めば済む話です。**文章を読むだけでは理解できない、伝わらない話をわかりやすく受講者に伝える——これがセミナー講師の責務なのです。**

「1スライド・1メッセージ」を心がける

では本来一つのスライドにどれくらいの文量を盛り込むべきなのか。一言で言えば、**スライドを見てパッと内容がわかる量であるべき**です。皆さんはＴＥＤ（Talks）で誰かがプレゼンをしているのを見たことがありますか？　ＴＥＤは世界中のおもしろい人たちが招かれてアイデアや経験をシェアする国際的なプラットフォームです。Googleなどで「ＴＥＤ」と検索すれば出てきますが、無料でたくさんのおもしろいプレゼンが見られます。

ぜひＴＥＤのプレゼンをいくつか見てみてください。文字がビッシリ書かれたスライドなんてでてきません。ほとんどの人物のスライドは画像とほんの少しの文字だけ。スライドを使わない人も珍しくありません。

話だけで伝えたいことを伝えられる。それがセミナー講師のあるべき姿なのです。

6-5 多くのことを伝えようとしない

セミナーで話をする内容を考える時に私が意識してるのは、**多くのことを受講者に伝えようとしない**ということです。

なぜこれが大事なのか。それは**情報量が多すぎると、受講者側が消化不良を起こしてしまう**からです。

皆さん自身、セミナーや勉強会に参加して「今日の勉強会、いろんな話が出たけどイマイチよくわからなかったな」と感じた経験はありませんか?

講師としてはやっぱり、お金を払ってきてくれている受講者にできるだけたくさんお返しをしたい。できるだけ多くのことを持ち帰ってほしい。そう思うわけです。それで「あれもこれも」と伝えたくなってしまうんですね。

しかし問題は、どんなにいい話をしても、**メッセージがシンプルじゃなかったり情報量**

が多すぎると、受講者はその話を消化できないんですね。そうすると、なんだかよくわからなかったなっていう感じで、受講者はセミナー終了後、モヤモヤした気持ちを抱えてしまうわけです。

一方で、たとえちょっとしたことであっても、**自分の考え方が変わったり、視点が変わったりするような気づきを与えることができれば、実はそれだけで受講者は満足します。**

このことは本を読む時のことを考えるとわかりやすいかもしれません。私の場合、本を読んで役に立ったなぁと感じる時は「そうか！　こうすればいいんだ」とシンプルかつ新しいアイデアや視点が手に入った時です。セミナーも同じように、受講者に少しでも新しいアイデアや視点が提供できたら成功だと言えるでしょう。

たった一つでも気づきを与えられたら十分

私が好きな本の一つに『イシューからはじめよ』（英治出版）があります。外資系コンサルティング会社のマッキンゼー出身の安宅和人さんが、価値ある仕事を生み出すための手法について書いた本です。

この本を読んだ時、「イシューからはじめる」という考え方に衝撃を受けました。仕事にかけられる時間は限られている。その中で価値ある仕事を効率的に生み出すためには解

伝えたいことはシンプルに！

くべき問題＝イシューを見極めることが大切だと安宅さんは言います。簡単に言うと、あれもこれもと手をつけるのではなく、本当に解くべき問題を見極め絞り込む。そうするとやることは100分の1になるというのです。

言われてみれば当たり前ですが、この本を読むまで私には「解くべき問題を絞り込む」という発想はありませんでした。

私は良いセミナーも同じだと思うのです。極端に言えば、セミナーを受けた後に受講者がシンプルな一つの気づき・メッセージを得ている。もしくは新しい発想・視点を手に入れている。少なくとも私はこれをセミナーのゴールと考えています。

安宅さんの本も「イシューからはじめよ」という一言・シンプルなメッセージを伝えるために10万字近い文章を書いているわけです。

セミナーも同じです。**伝えたいシンプルな一つのメッセージがある。それを伝えるためにたとえば2時間、さまざまな例を使って説明をするのです。**

セミナー終了後に受講生の頭に残ってほしいメッセージは何か？　これを意識してセミナーの構成を考えましょう。それが実は受講者の満足度を高めるコツなのです。

6-6

2時間のセミナーなら90分で予定する

セミナーの時間すべてを目一杯使おうとしないことも大切です。

たとえば2時間のセミナーを開催するとします。その場合、私は感覚的には90分で話し終えられるようにセミナーを構成します。つまり、30分ほど余裕をもたせるのです。

余裕をもって話せるようにしておく

こうする理由の一つは、ゆとりをもって話をしたいからです。

2時間ぴったりでカツカツだと、常に時間を意識して話をしなければならなくなります。そうするとセミナー中にプレッシャーを感じてしまいます。気がつかないうちに早口になっていることでしょう。そうなると受講者の理解度・満足度も下がってしまいます。

逆に30分余裕があれば、時間内に終わらせなければならないというプレッシャーから解放されます。むしろ、早く終わらないようにゆっくりと話すようになるはずです。質疑応答の時間も十分取ることができますし、受講者の理解度・満足度も上がります。いいことだらけなのです。

もう一つの理由は、単純に「多くのことを伝えようとしない」という目的が達成できることです。2時間のセミナーを90分で話すようにした場合、単純に伝える情報が4分の3（120分→90分）になるわけです。

なお、実際にやってみるとわかりますが、少なくとも私の場合、2時間のセミナーで90分の量で話をすると、ちょうどいい感じで2時間で終わることが多いです。

ゆっくり話をして、質疑応答などで受講者と十分コミュニケーションを取る。そうすると予想以上に時間がかかるということなのでしょうね。

その他にも、90分のセミナーなら60分くらいの分量で話をするようにしています。60分のセミナーなら45分くらいの分量でしょうか。

こうした感覚はセミナーの経験を積んでいくうちに身についてきますが、最初はわからないと思います。なので私がここで示した時間配分でまずは試してみていただき、その後は皆さんに合った分量で話すようにしてください。

休憩を戦略的に使う

「もし早く終わったらどうするの？」と不安に思った人もいるかもしれません。その場合は、バックアッププランをもっておけば大丈夫です。

私が用意しているバックアッププランは2つあります。

一つは**休憩をバッファ（調整要素）として使う**ことです。

2時間のセミナーで、90分の分量で話を考えているとします。実際にセミナーで話をしている時、思ったより早く終わってしまいそうと感じたら、私の場合は途中で休憩を入れるようにしています。

たとえば1時間を過ぎたあたりで「ここで一回休憩を入れましょう」と提案すればいいのです。

そこで10分～15分程度の休憩を取る。もしくはやや長めに20分程度取って、その間に受講生と雑談してもいいわけです。こうすれば、時間を効果的に調整することができます。

ぜひ休憩をバッファとして活用するようにしてください。

もう一つは**「万が一、時間が余ったらこういう話をしよう」と事前に小ネタを用意しておく**ことです。時間が余ったら話せばいい。そんなプラスアルファの位置づけのネタです。

時間が余ったら話せばいいし、余らなかったら話さなくていい。こうした小ネタを準備しておけば、万が一、時間が余っても慌てずに済みます。

「ワーク」の時間を取ることの意味

また、**セミナーで質問を掲示して、それについて受講者に自分なりの答えを考えてもらう「ワーク」の時間を入れることも有効**です。

たとえば「理想のライフスタイル」というテーマでセミナーをやり、途中でワークをしましょうと受講者に提案します。

「10年後に達成したいことはなんですか？」「皆さんにとって理想の1日の過ごし方は？」など、質問を受講者に与えて「10分時間を差しあげますので考えてみてください」と伝えます。時間は質問によりますが、私の場合は短いと5分、長くても10分くらいです。あまり長いと受講者も飽きてしまうので、ワークの時間は短いほうがいい――私はそう考えています。

なぜこれが大切なのか。それは普段、みんな忙しいのであらためて理想の働き方や目標など、人生において大切なことをじっくり考える機会・時間がないからです。

たとえばキャリアについて、10年後自分はどんな働き方をしたいのかといったことを日頃から考えている人は多くありません。しかしゴールがぼんやりとでも見えていなければ、そこにたどりつくことはできません。自分が望む働き方を手に入れたいなら、まずは自分が目指すゴール・目標がなんなのか、おぼろげながらも明確にすることが大切なのです。

日常では忙しくてそうした時間が取れない人がほとんどですが、セミナーであれば、まとまった時間を参加者は事前に確保しています。その時間の中でなら、じっくり考える時間を取ることができるわけです。

だからこそ、セミナーの時間を使って日頃できない、大切なことを考える時間を提供してあげる。これが大切だと私は考えています。

ワークの時間は講師側にもメリットがある

また、ワークの時間を取ることは講師側にもメリットがあります。一つは休憩と同じようにセミナーの時間を調整するバッファになることです。たとえば時間が余りそうならワークの時間を多少多めに取ってもいいし、逆ならワークの時間を省略してもいいわけです（もちろん、これはあまり良くないケースです）。

もう一つは、受講者がワークをしている最中、講師も少し休憩ができることです（笑）。

半分冗談ですが、受講者がワークをしている最中にセミナーの構成を再度考えたり、説明不足なところはないか。それまでの講義をふりかえる時間を確保することができるのは、大きなメリットになります。

ワークを入れると、このように受講者だけでなく講師にもメリットがあります。ぜひ取り入れるようにしてみてください。

6-7 「間」を意識して使う

話が上手な人は「間《ま》」をうまく使いこなします。なぜ間が効果的なのか。それは**「間」が文章でいうところの句読点と同じ役割を果たす**からです。

長い文章を読む時、句読点がなかったら読みにくいし、理解しにくくなりますよね。それはバーっと文字だけ書いてあると、読むスピードに対して理解が追いつかないからです。句読点があると、そこで一度読むスピードが落ちます。一瞬ではありますが、人はその一瞬で文章を理解できたりするのです。

話をする時の間もこれと同じです。バーっとひたすらしゃべっていると、話を聞いてる側は理解が追いつかない時も出てきます。だからそもそもゆっくり話すことが大事なわけですね。話の内容がむずかしいほど、話を聞く側は理解しにくくなります。そんな時こそ、「間」の出番です。

沈黙は悪いことではない

ある程度話して「この話はちょっとむずかしいかな」とか「ちょっと一気に話しすぎたな」と思ったら、話すのをあえていったん止める。そうして少し間をあけて、再び話をはじめるのです。そうすると文章でいう句読点と同じ効果を発揮することができます。話を聞く側に、こちらの話を理解・消化する時間を作ってあげるということです。

多くの人が誤解していると私が感じるのが、沈黙や「間」が良くないものと思い込んでいることです。話をする時、合間に「え〜」とか「あ〜」とか言う人がいますよね。単純に癖になっているということもあるのでしょうが、こういう人たちは沈黙することが良くないことだと思っているのではないでしょうか。

しかし先ほども書きましたが、沈黙は決して悪いことではありません。むしろ話を聞く側には、話を腹落ちさせて理解するために役立つ時間なのです。

沈黙や「間」は悪いものではない。この前提に立ってセミナーで話をしてみてください。沈黙の時間が長くなりそうだなと感じたら「少し考えるので待ってくださいね」と正直に言えばいいのです。そう言えば受講者側も待ってくれます。全く問題ありません。「間」を上手に使いこなして受講者にわかりやすく話すように、心がけましょう。

6-8 最初のアイスブレイクをセミナーに生かす方法

セミナー当日、どんなふうにセミナーをはじめたらいいか、迷う人もいるかと思いますので、私が日頃やってることを紹介します。

私の場合は最初に、**受講者の方それぞれに簡単に自己紹介していただくようにしています。**大体1分程度で、次の3つを教えてくださいと言います。

①お名前
②どんなお仕事をしているか
③セミナーの参加動機・今日どんなことを持ち帰りたいのか

受講者が何十人と多い場合は別ですが、少人数のセミナーの場合は自己紹介は効果的です。理由はいくつかあります。

自己紹介で他の受講者に共感してもらう

まず受講者側にとっては他人の③の話を聞くことで「悩んでるのは私だけじゃないんだ」と感じることができます。悩みがある時、人は孤独感を感じるものです。でも同じ悩みを抱えている人が他にいることがわかると、人とつながりを感じられるようになります。これは悩んでる人にとっては意外と大切なことだったりします。

講師としても②と③を事前に聞いておくことはメリットがあります。同じことを話すにしても、聞き手がどんな人で、どんな話を聞きたいのか——これによって話し方や話の切り口は変わってくるはずです。

事前に②と③を頭に入れることで、より受講者に伝わりやすく話や説明ができます。また②と③で出てきた話を通して、少し雑談をしたりすると受講者との関係性も良くなります。そうするとその後スムーズにセミナーの本題に入っていけるのです。

緊張をほぐすのも講師の役割

セミナーで「はじめまして」の状態だと、最初はみんな緊張しています。**緊張をほぐしてあげて話を聞ける態勢にしてあげる。これもセミナー講師の役割です。**自己紹介で出てくる話で少し雑談したり、ちょっとした笑い話などがあれば披露して笑いを取ろうとすることもあります。

それ以外にも最近ニュースで話題の話をしてもいいでしょう。どんなやり方でも問題ありません。話を聞いてもらうためには一定の信頼関係が必要になります。

いきなりセミナーの本題に入るよりは、冒頭の5分くらいの短い時間でいいので、受講者の皆さんとなんらかのコミュニケーションを取るのがおすすめです。

6-9 質疑応答と事後アンケートがセミナーの満足度を決める

さて、セミナーの本編が無事終わったとして、受講者に満足して帰ってもらうことを考えると、質疑応答の時間をしっかりと取ることがすごく大切です。

どんなに素晴らしい話をしても、受講者が理解できなければ意味がありません。もし受講者にわからないことがあるなら、その場で解決してあげましょう。それがセミナーの満足度に直結します。

最後の10分間は質疑応答の時間に

私は**少なくとも10分は質疑応答の時間を設ける**ように意識しています。一番最悪なのは時間ギリギリまで一方的に講師が話して、時間がないので質疑応答は省略しますというケースです。ここまでも書いてきましたが、セミナーで話す時間は余裕をもって設定しましょう。

一方で、質疑応答に時間を確保しておいても、当日質問が出てこなかったらどうしよう。そう思う人もいるかもしれません。大丈夫です。いくつか対処法があります。

一つは単純に質問がなかったとしても、**受講者に「今日はどうでしたか？」と感想を聞いてみる**ことです。質問がなくても、感想なら誰でも言うことはできるはずです。「質問はありますか？」と名指しで聞くと受講者も緊張してしまいます。しかし感想を聞かれる分には気軽に話せるはずです。

感想が出てくれば、そこから会話が派生することがあります。そうして受講者側とコミュニケーションを取れれば、すぐに10分間ぐらいは経過します。また、このようにコミュニケーションを取れれば、楽しくセミナーを終えることができるわけです。

質疑応答の時間はしっかり確保して、満足して受講者に帰ってもらうことを心がけましょう。**終わりの印象がそのセミナーの印象を決めると言っても過言ではありません。**終わり良ければすべて良しなのです。

事後アンケートで「鉄板ネタ」を把握する

またセミナー終了後、ぜひやっていただきたいのは、**受講者からアンケートを通してフィードバックをもらう**ことです。たとえば私の場合、特に駆け出しの頃はセミナー終了後に次ページに挙げたようなアンケートを受講生にメールで送っていました。このようなアンケートを取る目的を簡単に説明しましょう。

①と②では、受講者が満足した点と内容を確認しています。なぜこの質問が必要なのか。それは受講者にどんな話やサービスが響いたのかを把握するためです。

いざセミナー講師をやってみるとわかりますが、どんなサービスや話が受講者に役立つか、はじめはわからないものです。自分にとっては当たり前のことを話したのに、受講者から「目から鱗《うろこ》でした！」と言われることがあります（逆もしかりです）。

才能のあるコメディアンでも、どのジョークがウケるか最初から知ってるわけではないと言います。だから彼・彼女らはテレビなどの大舞台に出る前に、小さなクラブなどで公演するのです。小さな舞台でお客さんの反応を見て、どのジョークがウケるか把握する。そうしてウケた「鉄板のネタ」を引っさげて、大舞台に出る。だからこそ彼・彼女らは大舞台で成功できるのです。

セミナー講師もコメディアンと同じことをすべきです。

セミナー講師の仕事は、受講者に役立つ話や、受講者が聞きたい話をすることです。問題は、コメディアンがはじめにウケるジョークがわからないように、セミナー講師もはじ

セミナーアンケートの例

アンケートご協力のお願い

もしよかったら、アンケートへのご協力をお願いします(簡単でけっこうです)。

①今回のセミナーにご満足いただけましたか? またその理由はどのようなものですか?

②最もご満足いただいた点は何ですか? またその理由はどのようなものですか?

③最もご不満だった点は何ですか? またその理由はどのようなものですか?

④(他のセミナーも含めて)セミナーを選ぶ際に、特にあなたがお悩みだったことはありますか?

⑤このセミナーを受講しようと決めた一番の理由はなんですか? その理由について教えてください。

⑥今回のセミナーの受講を決めた際に、他のセミナーの受講も検討されましたか? よろしければ、セミナー名を教えてください。

⑦このセミナーはどこでお知りになりましたか?

⑧あなたの知人や友人にこのセミナーを薦める可能性はどのくらいですか? 10点(是非薦めたい)から0点(絶対薦めない)の間で点をつけてください。

めは受講者に響く話がわからないことです。だからこそ、アンケートでそれを教えてもらうことが大切なのです。

アンケートを通して鉄板のネタを把握する。そうすることでお客さんに響く話やサービスを提供できるようになるのです。

アンケートから不満点もあぶりだしておく

③で受講者が不満に感じたことを確認するのも同じ目的です。講師はセミナーにおいて、受講者がどんなことに不満を感じているか、自分ではなかなか気づけません。これも受講者から教えてもらうしかないのです。

誰でもそうですが、耳が痛い話は聞きたくありません。しかしセミナー講師として成長したいなら、やはりこのフィードバックは受けるべきです。

私自身も昔「私が来場した時に他の人と話をしているのがイヤでした」といったコメントをいただいたことがあります。この方が会場に来られた時、もちろん挨拶はしたのですが、別の方と話をしている最中だったのでそのまま会話に戻ったのです。そうしたところ、後日アンケートにこうしたフィードバックをいただきました。これ以降、来場された方に意識して丁寧にウェルカムの姿勢を示すようにしています。

その他にも耳が痛い話を聞くこともあります。しかしアンケートを回答するほうも嫌がらせをしたくて書いてるわけではありません。時間と手間を取ってわざわざ回答してくださるのですから、感謝してアドバイスを受け取りましょう。

また、言うまでもないですが、フィードバックは皆さんのセミナー講師の仕事・スキルに対するものであって、皆さんの人間性に対するものではありません。なので、過度に落ち込む必要はありません。アンケートの結果をもとに、セミナー講師としての行動を改めればいい。そう割り切って考えることが大切です。

④～⑧はマーケティング的な質問です。受講者の悩みや望みを把握する。どうやってセミナーを知ったのかを把握する。そのうえで告知文をブラッシュアップしていく。あるいは、たとえば本を読んでセミナーを受けにきたという声が多ければ、本がもっと売れるように情報発信していく。そんな感じで、**フィードバックをセミナーの集客につなげていきましょう。**

特典を用意することでアンケートの回収率を上げる

せっかくアンケートを送るなら、次回のセミナーの告知なども最後にお知らせしておきましょう。

たとえば私の場合、**単発のセミナーを受けた受講生にアンケートを送って、メールの最後に1年継続型のセミナーの案内をしたりしています。**私のセミナーを受けて私のことを気に入ってくれれば、受けてくれる可能性が高まりますよね。これはとても効果的なアプローチです。

また、**アンケートに回答してくれたら、何かしら特典をお渡しするようにしましょう。**たとえば私の場合、当日のセミナーを録画し、その動画をアンケート回答者にプレゼントするようにしています。言うまでもないですが、受講生は貴重な時間を割いてアンケートに答えてくれるのですから、何かしら見返りは用意しておいたほうがいいですし、単純にそうしたほうがアンケートの回答ももらいやすくなります。

誰でも他人から評価されるのはイヤなものです。私もそうです。しかしアンケートはそれでもやる価値があるものです。セミナー講師としてのスキルを磨きたいなら必須と言えます。勇気を出して、ぜひ取り組んでください。

コラム

本業に意味・意義を感じなくなった時に考えたこと

セミナー講師をはじめてから一時期、本業に費やす時間が苦痛で仕方がない時期がありました。セミナー講師のように自分が好きな仕事だけをやって生きていきたい。そう思うようになり、それができない自分を惨めに感じていたのです。

しかしこの問題について徹底的に考えた末、私は今では本業にも意味を見出せるようになりました。以前のような悩みがなくなったのです。

そのきっかけの一つが、第2章でも紹介した世界的人気作家エリザベス・ギルバートがYouTubeで仕事について語っていた話でした。昔の私と同じ悩みを抱える方も多いと思います。参考までに紹介したいと思います。

エリザベス曰く、仕事に関連する活動は次の4つの切り口で考えるといいと言います。

①趣味（hobby）
②仕事（job）

③キャリア（career）
④天職（vocation）

簡単に一つずつ説明していきます。

まず①「趣味」について。これは簡単に言えば「何の意味も生産性もない、ただ楽しむためにやること」です。たとえばゲームをやる。YouTubeを見る。友達とカラオケを楽しむ。目的は「ただ楽しむこと」です。

ゲームをする時間は人によっては無駄な時間かもしれません。でも趣味の時間として意識して楽しむなら全く問題ありません。私たちは機械ではないし、趣味は人生を豊かにしてくれる良いもの。そう彼女は説いています。

次に②「仕事」について。エリザベスは仕事については「お金を稼ぐ手段」と割り切って考えています。彼女自身、若い時は小説を書きながら3つの仕事を掛け持ちしていたと言います。それで生活するために必要なお金を稼ぐことができた。だから彼女は小説を書き続けることができたと言います。

アートだけで生きている人、たとえば小説だけ書いて生きている人や音楽だけで生きている人。こうした人はほんの一握り。そう彼女は言います。彼女は仕事は楽しくなくてもいい。必要なお金を稼げればいいと言っています。

もちろん、苦痛である必要はありません。つらくてやめたいなら転職してもいい。でも、仕事に情熱をもてなくていい。楽しめなくていい。仕事とはそういうもの。そう説明しています。

次は③「キャリア」について。キャリアとは「情熱をもって取り組める仕事」とエリザベスは説明します。仕事は生活のために必要ですが、キャリアは必ずしももたなくていい。そう彼女は説きます。この話は次の天職と合わせて説明するとわかりやすいでしょう。

次は④「天職」について。天職とは与えられた才能を使って行う神聖なもので、誰も奪えないもの。そう彼女は説明します。このことを説明するには彼女自身のストーリーを使ったほうがわかりやすいでしょう。

エリザベス曰く、書くことは7〜10年の間は純粋に天職だったと言います。彼女は天職を続けるために仕事をいくつも掛け持ちしていました。書く時間を確保するためにキャリアもあえてもたなかったと言います。その後、雑誌でライターをすることになり、書くことは仕事になりました。作品が売れると書くことはキャリア（小説家）になりました。キャリアである以上、ただ書くことだけでなく、読者の反応や本の売れ行きなども気にしなくてはならなくなります。

キャリアと天職の違いは、キャリアにはいつか終わりがくるということです。本が売れなくなるかもしれない。そもそも出版業界がなくなるかもしれない。でも、天職に終わりはない。そう彼女は説きます。彼女は小説家としてキャリアが終われば、再び仕事に就いて、書くこと（天職）を続けるというのです。天職とは、そうして死ぬまで全うするものだと彼女は言うのです。

彼女は話の最後に「仕事やキャリアがあるから好きなことができないというのは間違っている」と言いました。小説家になりたいからといって、仕事をやめて家族をがっかりさせなくてもいい。仕事を続けながら小説を書き続ければいい。そう説いたのです。

この話を聞いて私は「本業は仕事と割り切ればいいんだ！」とふっ切ることができました。それまで私は「仕事とは情熱をもって取り組まないといけないもの」と思い込んでいました。しかしセミナー業や執筆と同じような情熱をもって、本業に取り組むことができませんでした。その結果、本業に時間を使うことが人生の無駄な時間のように感じていたのです。

しかし本業は仕事であり、あくまでお金を稼ぐ手段。そう割り切るようになってから、本業に費やす時間にも意味を見出せるようになりました。本業があるからこそ、自分が好きなこと（セミナーや執筆）ができる。そう感じるようになり、むしろ本業に感謝するようにすらなったのです。

さらにその後わかったこと。それは、フリーランスや成功している人たちでさえ、好きなことだけやって生きている人はまずいないということです。

たとえばメル・ロビンズという、世界的に有名なコーチがいます。彼女は全世界で１００万部以上売れた『5秒ルール—直感的に行動するためのシンプルな法則』（東洋館出版社）をはじめとしたベストセラー作家で、ＴＥＤでの再生回数が歴代でトップクラスと言われる人物です。

そんな彼女が以前、YouTubeで「仕事にはお金を稼ぐための仕事と、好きでやる仕事の2つがある」という趣旨の話をしていて衝撃を受けました。その例として、彼女は講演の仕事を挙げていました。

彼女は講演に呼ばれて世界各地を飛び回るそうですが、この仕事はお金を稼ぐために仕方なくやっている面があるそうです。それは講演自体がイヤというより、家族と離れるのがイヤということでした。

たしかにそうですよね。世界各地に講演で呼ばれると聞くとうらやましい。でもたとえば毎週のように移動していたら、家で家族と過ごす時間もほとんどないでしょう。そうすると何のために生きてるのか、わからなくなる気がします。

この話からわかるのは、彼女くらい成功していても、好きなことだけやって生きていくことはできないということです。現実問題として、我々は生活のためにお金を稼がなければいけません。家族がいるなら養うためになおさらです。だから家族と離れるのが嫌でも、彼女は講演の仕事を受けているのです。

長くなりましたが、ここで私がお伝えしたいのは「本業を大切にしましょう」ということです。本業という収入の柱があるからこそ、好きなことができるのです。もし今皆さんが昔の私のように、本業に意味・意義を感じないなら、自分にとって本業はなんなのか。

あらためて考えてみましょう。

もし本業が仕事にすぎないなら、割り切って気楽に取り組めばいいのです。そして好きなことを楽しめばいい。むしろ、本業があるのに好きなことをしないのはもったいないというわけです。

小学生の時、宿題さえやってしまえば後は好きに過ごしていい。そう言われた人も多いのではないでしょうか。仕事も宿題と同じです。やることをやったら、後は好きに生きましょう。それが人生を楽しむ秘訣だと私は考えています。

おわりに

本書を読んでいただきありがとうございました。最後にあらためてお伝えしたいこと。それは毎日少しずつでもいいので、ムリのないペースで、とにかくセミナー講師としての活動・キャリアを続けていきましょうということです。

なぜなら、皆さんが期待するような成果は、想像しているよりずっと後に得られるものだからです。

私自身もブログを本格的にはじめたのは2014年6月。もうすぐ10年です。私がYahoo!ニュース等に記事を掲載したり、出版したりと、自分なりに満足のいく成果が出はじめたのは正直、ここ1~2年くらいの話です。

私のまわりの成功している人たちも同じです。一瞬で成功したように見える人たちでさえ、話を聞いてみると7年から10年くらい、人に見えない試行錯誤や下積みを続けています。

私が思うに、成功している人たちに共通していることはただ一つ。ただあきらめずにひたすら続けた――これだけです。しかしこれがとてもむずかしい。なぜならみんな早く成功したいからです。しかし成果はいつ出るかわからない。むしろ、成功できる保証もない。そんな中、10年も続けられる人は限られているというわけです。

だとしたら、むしろ考えなければいけない問いは「たとえ10年かかるとして、苦なく、むしろ楽しく続けられる方法は？」なのではないでしょうか。その一つの解を示すこと。それが本書の目的の一つでした。

早く成果を出したい。その気持ちはものすごくよくわかります。今の私ですら、そう感じることがありますからね。しかし、そうして早く成果を出そうとすると、焦るばかりで何もいいことはありません。早く成果を出せない自分がダメに思えたり、焦りと不安ばかりが募る。人生がつまらなくなるだけです（経験者は語るってやつです）。

もっと好きなこと、楽しいことを「今」やりましょう。それでどうやって成果を出せるかを考え続けましょう。

何も考えずにがんばるほうがある意味ラクです。でも、その先に幸せはありません。「がんばる」に逃げてはいけないのです。私もずいぶん時間がかかりました。でもようやく、自分なりに納得できる答えを見つけることができました。皆さんにも必ずできるはずです。そのヒントを本書では書いてきたつもりです。

ぜひ、今日からセミナー講師としての活動・キャリアをスタートしてください。１日30

分、それ以下でもいいのです。とにかく一歩を踏み出す。そして何より、続ける。それさえ心がければ、ゆっくりではあるでしょうが。確実に時とともに皆さんの人生は変わっていくでしょう。その時を楽しみにしていてください。それまでかかった時間と労力ですら、良い思い出と感じますから。

本書をきっかけに皆さんの人生がより良くなりますように。心から祈っています。

謝辞

まずは本書を書く機会をくださった日本実業出版社、特に私に賭けてくださった細野淳さんに感謝申し上げたいと思います。おかげさまで、長年書きたいと思っていた本を書くことができました。本書を執筆する時間はまさに至福の時間でした。ありがとうございました！

また、これまで私にかかわってくださったすべての人に感謝したいと思います。皆さんとのかかわりの中で私はたくさんのことを学び吸収し、本書を書き上げることができました。特に昔からブログをサポートしてくださっている株式会社あみだすの大東信仁さん、執筆指導をいただいたシェアーズカフェ・オンラインの中嶋よしふみさん、セミナーのやり方を伝授いただいた有限会社サイバーローグ研究所の大橋悦夫さんには大きな影響を受けました。皆さんから教わったことが血と肉となり、本書に反映されています。あらためてお礼申し上げます。ありがとうございました。

私のわがままな働き方を許してくださる会社の同僚の皆さんにもこの場を借りてお礼申し上げたいです。おかげさまで毎日楽しく働くことができています。いつもありがとうございます。

父と母、親族の皆さんにもこの場を借りて感謝します。いつもありがとう。今の私があるのもみんなのサポートがあるから。そして亡き祖父と祖母をはじめとした、ご先祖様が紡いでくれたものがあるから。そう思っています。これからもよろしくお願いします。

そして最後に、妻と娘たちへ。いつも一緒にいてくれてありがとう。私の人生が楽しいのは君たちのおかげです。これからもよろしく！

２０２４年１月

滝川　徹

滝川　徹（たきがわ　とおる）
1982年東京生まれ。Yahoo!ニュースやアゴラに記事を寄稿する現役会社員・時短コンサルタント。慶應義塾大学卒業後、内資トップの大手金融機関に勤務。長時間労働に悩んだことをきっかけに独学でタスク管理を習得。2014年に組織の残業を削減した取り組みで全国表彰。2016年には「残業ゼロ」の働き方を達成。時間管理をテーマに2018年に順天堂大学で講演を行うなど、セミナー講師としても活動。受講者は延べ1,000名以上。月４時間だけ働くスタイルで４年間で500万円の収入を得る。著書に『細分化して片付ける30分仕事術』（パンローリング）他。

ちょっとしたスキルがお金《かね》に変《か》わる
「副業講師《ふくぎょうこうし》」で月《つき》10万円《まんえん》無理《むり》なく稼《かせ》ぐ方法《ほうほう》

2024年２月20日　初版発行

著　者　滝川　徹　©T.Takigawa 2024
発行者　杉本淳一

発行所　株式会社日本実業出版社　東京都新宿区市谷本村町３−29 〒162-0845
編集部　☎03-3268-5651
営業部　☎03-3268-5161　振　替　00170-1-25349
https://www.njg.co.jp/

印刷・製本／三晃印刷

ISBN 978-4-534-06077-8　Printed in JAPAN